S.F.
V.

LUISE RINSER

KUNST DES SCHATTENSPIELS

1994 bis 1997

S. FISCHER VERLAG

Gesamtherstellung: Clausen & Bosse, Leck
Printed in Germany
ISBN 3-10-066052-8

Du hast mich nicht gesandt,
damit ich nur für mich da sei.
Ersticke ich nicht in mir,
wenn ich aufhöre
zu lieben?

José Sánchez de Murillo

Dieses Buch widme ich allen Menschen, die mir während meiner Krise nach zwei Unfällen von 1996 beistanden, vor allem dem spanischen Philosophen und Dichter Professor Dr. José Sánchez de Murillo, der mich mit seiner spirituellen Kraft am Leben hielt.
Mein großer Dank gilt auch meiner Freundin Sieghild Müller, ohne deren praktische Hilfe ich viele Schwierigkeiten nicht bewältigt hätte.
Dank auch meinen Freunden Dr. Bogdan Snela und seiner Frau Helena, deren Liebe mir Mut gab, wenn ich ihn verloren hatte.
Dank auch meinem Sohn Christoph, der mir mit seinen Besuchen Freude brachte.
Dank auch meinen Ärzten, dem Chirurgen Dr. Garbe am Krankenhaus des Dritten Ordens in München, der meine beiden Operationen so erfolgreich durchführte. Und Dank dem Ärzte- und Schwesternteam der Klinik Feldafing, das mir alle Fürsorge zuwandte. Besonderen Dank dem jungen Internisten Dr. Wangemann, der mich mit seinen Abendgesprächen von meinen Problemen auf größere hinlenkte.
Und Dank all meinen Lesern, die mir mit Blumen und Briefen ihr Mitgefühl zeigten.
Und Dank dem Leben, das sich stark genug erwies, mich zu halten.

München, März 1997

Die Unfälle und die Klinikaufenthalte waren so einschneidend in meinem Leben, daß ich das, was ich vorher schrieb, nicht einfach fortsetzen konnte. Es liegen gut vier Monate zwischen dem letzten Eintrag und dem, was ich nach der Heimkehr schrieb. Das findet auch in der Anordnung dieses Buches seinen Ausdruck. Diese Monate waren in meinem Bewußtsein wie leere Seiten.

1994

Im Augenblick leben. Was ist das: ein Augen-Blick? Jemand sagt: »Ich bin im Augenblick zurück.« Wie lange dauert ein Augenblick? Ein Augenblick ist kein brauchbares Zeit-Maß. Für einen dringlich Wartenden dauert ein Augenblick unerträglich lang; einem Eiligen ist er zu kurz. Gibt es »den Augenblick« überhaupt? Etwa als allerkleinsten Bruchteil der Zeit? Auch das nicht. Es gibt ihn so wenig wie es »die Zeit« gibt. Und doch erfahren wir die nicht-existierende Zeit und den nicht-existierenden Augenblick als real existierend. Was für eine Illusion. Wir glauben der Uhr, was sie zeigt, und halten es für »exakt«. Und doch zeigt sie nichts, was wir nicht auch ohne sie wissen: das Fließen dessen, was wir Zeit nennen, den unaufhaltsamen Hinwegfluß des Da-Seienden. Wohin? In die Nicht-Zeit.

Die Griechen unterschieden Chronos und Kairos. Chronos: der gewöhnliche Ablauf der Tage, Stunden, Minuten, sozusagen eine lineare, horizontale Zeit. Auf diese Horizontale aber trifft eine Vertikale, und wo Horizontale und Vertikale sich begegnen, ereignet sich etwas.

Aber es gibt nichts, was greifbare, meßbare Zeit wäre. Es gibt nur das Fließen des lebendigen Lebens. Das Leben ist in jedem Augenblick; es kommt, es geht, es ist nie da und immer da. An uns ist es, den Chronos als Kairos zu erfahren: als das große, immerwährende Angebot des Lebens, sich in den fließenden Energiestrom zu werfen und sich tragen zu lassen. Wohin? Wer im NU lebt, wer aus der quantitativen Zeit eine qualitative macht, erfährt die Antwort.

Mein Münchner Ostersonntag. Alle Freunde sind auf dem Land, das Wetter ist strahlend frühlingshaft nach all dem Regen. Ich bin allein. Plötzlich überfällt mich das Verlangen, mich ins »bunte Gewimmel« zu werfen. Also in die Stadt. Was will ich dort? Nichts als »dabei sein«. Nicht allein sein. In der Unterführung der S-Bahn spielen zwei junge Arbeitslose mit einem Hund. »Was sollen wir sonst tun?« sagt der eine, und der andere sagt: »Wohin sollen wir gehen? Wir haben keine Unterkunft. Wir schlafen nachts hier.« Er zeigt auf Schlafsack und Kleiderbündel. Ich schenke ihnen Geld für den Hund, ein schönes, aber mageres Tier, und rede eine Weile mit ihnen. Ich erinnere mich, wie ich in Paris zum erstenmal mit Entsetzen und romantischem Mitleid die Chlochards unter den Seine-Brücken sah. Das war vor vierzig Jahren. Wie viele Obdachlose sah ich seither: in New York, in Delhi, in Rom, in Bangkok, in Jakarta ... Ich will mich nicht traurig machen am Ostersonntag. Ich gehe weiter. Ich sehe in der Kaufingerstraße eine Gruppe Bolivianer, sie singen und tanzen, und mir kommt lebhaft die Erinnerung an meine Südamerika-Reise und meine Begegnung mit den Indios in den Anden, auf 4000 Meter Höhe; dort waren es Minenarbeiter in den einstigen Silber-Bergwerken. Wo ist das Silber? In Spanien. Und in den Häusern der Reichen in La Paz. Ich sah es. Und ich sehe die hundert und aberhundert Indios auf dem Friedhof da oben auf dem Altoplano, da liegen die Bergleute, und kaum einer ist älter als fünfunddreißig geworden.
Ich gehe weiter auf der Neuhauser Straße. Ich höre Musik, klassische, ein Magnet für mich, unwiderstehlich. Bach. Eins der Violin-Konzerte, umgeschrieben für Violine, Bratsche und ein tragbares kleines Cembalo. Der Platz unter den Bögen des Kaufhauses hat eine gute Akustik. Die drei In-

strumente klingen wie ein Orchester. Vor den Dreien ein andächtiges Publikum, zufällig hier vorbeikommend, gebannt wie ich. Stille. Die Straße wird zum sakralen Raum. Die Szene ist zum Weinen und Beten schön. Die Zuhörer gehen leise weg, ungern, man sieht es. Viele bleiben. Auch ich bleibe, bis die Musiker ihr Spiel beenden. Wer sind sie? Ich sehe im aufgeschlagenenen Deckel des Violinkastens einen Zettel: »Drei Musiker aus Sibirien.« Ich wage näherzukommen. Einer spricht Englisch. Woher kommen Sie? Aus Omsk? (Das ist DIE Kunst-Stadt Sibiriens, sie hat drei Opernhäuser.) Nein, sie sind aus Novo-Sibirsk. Ich sage, daß ich schon dort war auf einem Flug Korea-Moskau. Es ergibt sich ein fragmentarisches Gespräch. Sie wundern sich weniger darüber, daß ich in Novo-Sibirsk war (wer kommt schon dorthin), als darüber, daß ich ihnen Fragen stelle, welche ihre Technik, Bach zu spielen, betreffen. Ob ich Musikerin sei? Nein, aber ich verstehe einiges von Musik (habe Geige gelernt) und außerdem sei ich die Frau eines Musikers gewesen, er hieß Carl Orff. Ein Freudenschrei: »Carmina Burana!« Man kennt ihn wirklich in aller Welt. Wo überall habe ich seinen Namen und sogar seine Musik gehört: zwischen Kalifornien und Japan, und sogar in Südchina, wo man in Setschuan eine Orff-Musikschule eröffnete, als ich dort war. Lieber C. O. – und einmal wollte man dich in München aus der Musikhochschule werfen, und die deutschen Kritiker beurteilten dich als Exzentriker, als Erotomonanen und als »nicht aufführbar« ... und jetzt liegst du eingemauert in Andechs. Was für eine Musik hörst du jetzt?

Ich gehe weiter, zum Marienplatz. Was für eine Menge Leute, viele Kinder, ich höre Klatschen, vergnügte Schreie, seltsame Pausen, neue Schreie. Und dann sehe ich, mich durchdrängend, einen wahren »Bilderbuch-Neger«, kohlschwarz, dick, mit blitzenden Zähnen und rollenden Augen.

Was macht er, das die Leute stürmisch beklatschen? Er hat ein Köfferchen, zu dem hin er beschwörende Gesten macht. Was ist im Köfferchen, das er herauslocken möchte, aber vor dem er Angst hat? Immer wieder nähert er sich dem Köfferchen, und jedesmal hält das Publikum den Atem an: was wird herauskommen? Der Schwarze weicht immer wieder zurück, um von neuem sich zu nähern. Ich erwarte eine Schlange. Das Publikum weiß, was ich noch nicht weiß: im Köfferchen ist nichts. Einfach nichts. Aber das Publikum glaubt nicht an das Nichts. Der Schwarze agiert ungeheuer suggestiv. Immer wieder scheint er selbst zu glauben, es sei doch etwas im Köfferchen, und immer wieder sieht er schließlich, daß es leer ist, was er doch wissen muß. Aber das Publikum glaubt seinem verlegenen Lachen nicht, es hält fest an der Illusion, es sei doch etwas verborgen, das schließlich zu Tage komme. Aber da ist nichts. Einfach nichts. Das Publikum ist nicht enttäuscht. Es wäre vielmehr enttäuscht, zöge der Schwarze dort irgend etwas heraus.

Für mich ein tiefes Erlebnis: der unerschütterliche Glaube des Publikums, daß da »etwas« sein müsse, und die Kraft der Suggestion des Mimen, der, so spielt er's, selber glaubt, es sei etwas, was zu beschwören ihm angst macht. Zuletzt sein befreites und befreiendes Lachen. Das Nichts ist nichts und ist doch etwas. Es gibt kein Nichts, das nicht etwas ist.

Wie spielbereit diese Zuschauer sind, Erwachsene und Kinder! Und wie sehr wir alle uns danach sehnen, zu erfahren, daß das Nichts doch etwas sei.

Ich kann die Szene nachspielen, ich tat es schon mehrmals vor Freunden, und ich spürte dabei großes Entzücken. Ich hätte doch Schauspielerin werden sollen.
Der einsame Ostersonntag, er war erfüllt von Leben.

Glücklich sein. In einer TV-Sendung über die Insel Samos das Bild einer Frau in mittleren Jahren, einer Einheimischen, sie trägt eine rote Blume hinterm Ohr. Der Reporter stellt ihr Fragen. Was wünscht sie sich?
Sie wünscht sich nichts als Glück. Glücklich sein und andre, die in ihrer Umgebung leben, glücklich machen. Ihr Gesicht leuchtet.
Dieser einfache Satz erscheint mir als Inbegriff menschlicher Weisheit und Wahrhaftigkeit. Glücklich sein: dankbar sein fürs Leben, so wie es ist. Andre glücklich machen: sie lieben. Das ist alles. Ich sehe plötzlich das kunstvolle Gebäude der Philosophie und Theologie in Rauch und Feuer aufgehen. Was bleibt, ist die rote Blume im Haar der Frau und das Zauberwort vom Glück. Es zu meditieren, macht schon glücklich.

Sich selber sehen. Immer öfter geschieht es mir, daß ich mich »leben sehe«, als sei ich nicht die gewohnte Person L. R., sondern ihr eigentliches Selbst, und die andre Person, die L. R. heißt, sei nur ihr irdisches Spiegelbild. Ich bin Ich und Nicht-Ich. Was mich umgibt, ist eine Traum-Wirklichkeit. »All is nothing«, lautete mein »Koan«, das der südkoreanische buddhistische Abt mir vor anderthalb Jahrzehnten gab. Und ich rebellierte jahrelang gegen dieses Wort. Alles ist nicht Nichts, alles ist ETWAS, alles IST, alles ist DA.

Heute bin ich nicht mehr so sicher. Freilich: alles IST, und alles ist DA, aber WIE, in welcher Form, in welcher Nicht-Form?
Das Erlebnis der Doppelheit ist erschreckend und tröstlich, beides. Eingebettetsein in die Erden-Wirklichkeit mit blühenden Mimosen, grünem Gras und Veilchen ist schön. Eingebettetsein in die »andre Wirklichkeit« ist der höhere Trost, denn diese andre Wirklichkeit ist unvergänglich. Mag die Erde vergehen: die eigentliche Wirklichkeit bleibt bestehen. Die Welt der Ideen ist ewig. Ich bleibe in Ewigkeit. Gott sprach: »Es werde Licht«, und es ward Licht. Mag die Anti-Materie unsre Materie zerstören: das Wort bleibt und schafft Neues. Was von den »Dingen« bleibt, ist ihr Name. Das Wort, das sie bezeichnet, steht im Vokabular des schöpferischen Universums.

Der Dalai Lama. Meine starke Verbindung mit dem Fernen Osten: mein Freund Isang Yun, Südkoreaner, und seine Frau Su-ja, mein Freund Ito Nahariki, Japaner, meine Freundin Shimaya, Japanerin, der Präsident Nordkoreas, mein nordkoreanischer Dolmetscher, der mir wie ein Sohn ist ... Ostasiaten, fremd und mir doch ganz vertraut.
Mit zwanzig Jahren schrieb ich eine Erzählung: ›Auf dem Dach der Welt‹. So nannte man Tibet und den Himalaya. Was fiel mir denn ein, 1930, diese fremde Gegend zum Schauplatz einer Geschichte zu machen? Was schrieb ich denn da? Ich ließ eine Gruppe europamüder junger Menschen aufbrechen nach Tibet, wo sie eine Niederlassung gründeten, die sowohl buddhistisches Kloster als auch sozialistische Kommune war.

Ich habe diese Geschichte verbrannt wie fast alle meine frühen Arbeiten. Ich weiß von ihr nur das, was mir mein deutscher Freund (der Dr. Stein aus ›Mitte des Lebens‹) darüber schrieb. Mir tut's leid, die Geschichte nicht mehr lesen zu können. Was hat mich denn bewegt, so etwas zu schreiben? Den Anstoß gab vielleicht der Bericht von der Erstbesteigung des Mount Everest. Aber das war nur der äußere Anlaß. Was mich faszinierte, war die Vorstellung der großen Höhe: der höchste Gipfel unsrer Erde. Höher war und ist nichts mehr. Da war die große Leere des Himmels. Da hinauf schickte ich in meiner Geschichte die jungen Menschen. Da hinauf wollte ich selbst. Ein Traum. Aber wie richtig dachte ich: sie sollten dort oben arbeiten. Die Erde bearbeiten, eine reale Kommune gründen – gegen alle natürlichen Widerstände. Meine Vorstellung vom damals ganz unbekannten Tibet, das kahl und arm war, und das man fruchtbar machen sollte.
Und dann die Verwirklichung ein halbes Jahrhundert später, ganz anders, und doch das Wesentliche treffend.
Ich hatte schon in den achtziger Jahren auf meiner dritten Chinareise versucht, von Setschuan aus nach Tibet zu kommen. Verboten. Vorgeblich wegen des bald einfallenden Winters. Tatsächlich aber, weil meine chinesischen Freunde und Kollegen mir einfach keinen Einblick in das von ihnen so hart bedrängte Tibet gewähren wollten. Nun gut, was sein soll, das wird sein.
1994 lud mich der Exil-Präsident Tibets, der Dalai Lama, persönlich nach seinem Regierungssitz Dharamsala ein. Ursache: ein Blickwechsel in Berlin. Zufall, daß ich gerade zu einer Akademiesitzung dort war. Zufall, daß man mich bat, beim Treffen mit dem Dalai Lama mit fünf andern die Diskussion zu leiten und am Podiumstisch zu sitzen. Zufall,

daß ich dem zu spät kommenden Dalai Lama von der ihn begrüßenden Menge buchstäblich in die Arme gedrängt wurde. Zufall, daß wir uns anschauten. Zufall, daß er dann, etwas unterhalb meiner auf dem improvisierten Holz-Thron sitzend, sich nach mir umwandte und mir mit seinem Mineralwasser zuprostete. Zufall, daß mir ein Heiliger Geist die richtigen Begrüßungsworte eingab, die ihn erfreuten. Zufall, daß er sich wieder und wieder nach mir umwandte, als suche er Bestätigung für irgend etwas, was ihn bewegte. Zufall, daß ich bei seinem Abgang neben ihn geschoben wurde und er seinen Arm um mich legte.

Nicht mehr Zufall, daß ich ihn kurz darauf in Rom traf, unter vier Augen sozusagen, und daß er mich durch seinen Sekretär offiziell nach Dharamsala einlud für August-September. Gar nicht mehr Zufall, daß er, während sein Sekretär und mein Dolmetscher über den Termin verhandelten, meine Hände festhielt und wir uns schweigend anschauten.

Und kein Zufall mehr: meine reale Reise zu ihm.

Was sein soll, das wird sein, denn es IST.

Delhi, Ende August 1994. Der römische Sommer war glutheiß. Aber was ist römische Hitze gegen die indische, die erstickende Treibhausluft. Das Auto des Reisebüros luftgekühlt. Einige Meter vom Auto zum Hotel, und man war feucht, der Atem ging schwer. Im Hotel wieder Kühlung. In den Zimmern auch, aber der Gestank nach Mottenkugeln oder dergleichen gegen die Ameisen und andre Insekten. Unerträglich giftig. Zimmerwechsel nach langen Disputen mit dem Personal.

Zum Tee in der Halle: wie viele Nationen sind hier vertreten. Wie viele Sprachen. Englisch dominiert. Wie schön sind die grazilen Inder, wie grobknochig die Westler, wie laut ihre Stimmen, wie präpotent ihr Gehabe. Aber darunter auch stille Einsame, die hier sichtlich nur Durchreisende sind und in irgendeinen Ashram wollen. Gäste für eine Nacht, wie wir auch. Am nächsten Tag wollen wir in den Himalaya, zum Dalai Lama.
Wir haben Plätze reserviert im kleinen Flugzeug. Wir steigen auf, kehren alsbald um, denn uns feindlich entgegenstehend ist der Monsun. Wochen zu früh, unerwartet also. Keine Möglichkeit für das kleine Flugzeug, ihm zu trotzen. Zurück ins eisgekühlte Hotel.
Uwe, ungemein tüchtig, bekommt zwei Plätze im Schlafwagen. Die Nachtfahrt quer durch Nordindien. So oft ich den Vorhang hebe, sehe ich nichts als flache Ebene. Gegen Morgen bleibt der Zug stehen, das heißt, er läßt uns stehen und fährt weiter.
Wo sind wir? Irgendwo in Indien. Aber wo? Und wie kommen wir von hier nach Dharamsala?
Uwe zaubert: Ein Taxi taucht aus dem Nichts auf. Ich kenne diese Orienttaxis. Sie fahren, aber man wundert sich, daß sie nicht auseinanderbrechen. Die Fahrt in den Himalaya. Kein Traum, sondern ein schwer erträgliches Geschüttel. Was für eine Straße ist denn das? Es war einmal eine Straße, angelegt von den Engländern, als Indien ihre Kolonie war. Geblieben sind die tiefen Radspuren rechts und links der hohen, steinharten Mittelspur. Es geht bergauf. Ich freue mich auf den Dalai Lama.
Die Straße wird gefährlich: links Bergwände, rechts Abstürze. Ich beginne zu meditieren. Ich vergesse jede Unbequemlichkeit.

Es ist ein Wunder, daß wir da oben in Dharamsala heil ankommen. Ich sage mir: jetzt bist du im Himalaya, jetzt ist dein Traum Wirklichkeit. Und ich sage mir: diese Wirklichkeit ist wiederum ein Traum. Ich bin glücklich.

Dharamsala. Ein indisches Bergdorf. Ein Touristen-Ort? Touristen sind es nicht, es sind Pilger und Studenten aus aller Welt. Viele kommen von weither, um den Dalai Lama einmal in ihrem Leben zu sehen. Andere, Tibeter, Flüchtlinge, suchen den Politiker Dalai Lama, dem sie, ihrem Exil-Präsidenten, Klagen vortragen. Andere sind Studierende, die in der großen (aus Tibet geretteten) Bibliothek Quellenstudien treiben. Man hört Englisch, man hört einiges Deutsch, man hört tibetisch-indische Sprachen. Ein Strom von Leben, von Politik, von Geist und spiritueller Sehnsucht fließt durch die engen Bergstraßen, die gesäumt sind von einer Anzahl kleiner Läden mit Andenken, unter denen man immer noch, wenn man ein Auge und eine Antenne für Echtes, Altes hat, etwas Schönes findet. Ich fand eine kleine, sehr alte Bronze-Statuette: einen Flötenspieler. Ich wollte ihn meinem Flöte spielenden Sohn Stephan bringen. Er hat ihn nicht mehr wahrgenommen. Ich fand auch eine kleine Bronze-Göttin, die als Madonna gelten kann; ich schenkte sie S. für seine Arbeit über das »Weibliche«. Für andere Freunde fand ich Silberschmuck und bunte gemalte Tücher. Ich hätte gerne viel mehr gekauft. Ein Einheimischer, der Deutsch konnte, beriet mich gut, er riet mir bei vielen Stücken vom Kauf ab: »Nicht echt.«

Zwischen den Hin- und Hergehenden sind auch die Mönche in ihren rot-gelb-violetten Gewändern; tibetische Gesichter, aber auch ausländische, westliche, und zwischen alledem ein Ochse, der auf drei Beinen humpelt, das vierte ist verkrüppelt, am Knie nach innen eingebogen. Ich (Westliche!) sage: Aber gibt's hier keinen Tierarzt? Verwunderung: Wozu? Der Ochse IST so, er war immer so; Karma. Ich frage mich: wofür muß er büßen? Was hat er verbrochen, in der vorigen Inkarnation? Ich kaufe ihm ein Bündel Karotten, die mag er nicht, aber grünen Salat nimmt er aus meiner Hand. »Bruder Ochse«, sage ich, und so begrüße ich ihn jedesmal, wenn ich ihm begegne, und das ist oft. In den engen Straßen gibts wenig Ausweichen. Hunde gibts auch, Katzen nicht, aber eine kleine Horde Affen, sie kommen bis ans Hotel. Niemand verscheucht sie. Ich liebe Tiere. Ich weiß, sie sind alle »auf dem Weg«. Wie wir Menschen. Wir sind ihnen nur um ein Stück chronologischer Zeit voraus. Aber wir sind aus dem gleichen Stoff gemacht, und wir sehnen uns wie sie nach dem »Aufstieg«. »Die ganze Schöpfung liegt in den Wehen.« Das schönste Wort des Apostels Paulus. Ich lese in den Briefen der Rosa Luxemburg, wie sie, als »Linke« angeklagt, 1919 im Gefängnis, im Hof einen Büffel sah, der, weil er die schwere sperrige Last nicht über eine Schwelle brachte, blutig geschlagen wurde. (Ich habe die Szene geschildert in meinem Buch über den Dalai Lama.) Rosa Luxemburg beschrieb, wie der Büffel aussah: wie ein Kind, das geschlagen wurde und nicht versteht, warum. Die Tränen des geschlagenen Büffels waren die Tränen der Frau, die mit dem Tier litt.

Beim Meister. Das Wiedersehen nach den ersten Treffen in Berlin und Rom. Ich bin voller Freude. Aber ich weiß noch nicht einmal, daß die Einladung des Dalai Lama nach Dharamsala nicht nur für eine Stunde gilt (schon das wäre schön), und nicht nur für einen Tag, sondern für eine Woche und für täglich einige Stunden. Was für ein Angebot! Ein höchst seltenes, sagt man mir dort.

Ich glaube, ich verdanke es meinem Verhalten beim ersten Treffen in Berlin. Ich sollte den Dalai Lama dort mit einer Rede begrüßen. Ich hatte kaum Zeit, mir eine kleine Ansprache zurechtzulegen. Ich war beauftragt, Fragen an ihn zu stellen. Aber ich sagte: »Holiness (so wird er angesprochen in Englisch), die Antwort auf alle unsere Fragen sind Sie.« Er lächelte und prostete mir mit einem Glas Mineralwasser zu. (Er trinkt nie Alkohol.) Und während seiner folgenden Rede wandte er sich mehrmals nach mir um und lächelte. Sein Lächeln kann niemand vergessen, der es je sah. Es ist nicht das berühmte asiatische rätselhafte Lächeln. Es ist ein offenes, herzliches, natürliches Lächeln. In Worte übersetzt heißt es: »Ich bin dir, mein Mitgeschöpf, in Sympathie verbunden, denn ich bin du, und du bist ich, wir sind EINS in der Liebe zum Frieden.« Und nun also in Dharamsala. Ich kenne den Dalai Lama ja schon, aber ich merke jetzt, daß ich ihn doch nicht kannte. Hier an seinem Ort (im Exil!) ist er ganz Er-Selbst: kein heiliger Asket, sondern vielmehr eine geballte, höchst disziplinierte männliche Kraft. Ein mittelgroßer, kräftiger, gesunder Mann, der von sich selbst sagt, er sei ein »zorniger Mensch«, und durchaus von Natur kein Pazifist. Als Kind sei er ein Raufbold gewesen aus überschüssiger Kraft. Daß er später jede Anwendung von Gewalt, ja schon jede Spur von Intoleranz ablehnte, ist das Ergebnis höherer buddhistischer Erkenntnis. Das Schlüsselwort für sein Leben und Wirken heißt: Mitgefühl, und Mitgefühl ist der einzige Weg zum Frieden.

Mitgefühl, nicht »Mitleid«. Mitleid kann eine sentimentale, unverbindliche Gefühlsregung sein. Mit-Gefühl ist etwas wesentlich anderes. Es ist die höchst verbindliche Art der Identifikation mit anderen Lebewesen, mit deren Freuden und Leiden, mit ihrer Lebensweise, mit ihrer »Person«, kurz: mit allen und allem. Mitgefühl ist viel mehr als Mitleid, es ist Liebe zu allen, zu allem was IST. Wir Christen haben ein Gebot: Liebe deinen Nächsten wie dich selbst. Es könnte heißen: Liebe deinen Nächsten mehr als dich selbst. Aber so heißt es eben nicht. Denn das »Selbst« ist es, was auch geliebt werden muß. Aber wer ist eigentlich mein Nächster, der geliebt werden soll?

Es gibt eine buddhistische Geschichte: Ein Mann wünscht dringend den großen Gautama Buddha zu sehen. Sein Freund sagt: »Den kannst du doch nicht sehen, er ist schon lange tot.« Ein Dritter sagt: »Du kannst ihm begegnen: geh nur hinunter zum Markt, das erste alte Bettelweib, der erste räudige Hund, das ist ER.« Er hätte auch sagen können: Schau dich an, du selbst bist ER.

Das ist buddhistische Mystik: Alles ist EINS. Alles ist DAS EINE.

Dieser Satz bestimmt die menschliche und die politische Haltung des Dalai Lama. Daß er nicht nur Mönch und ein Weiser und Heiliger ist, sondern auch Politiker, nämlich das Staatsoberhaupt der Exil-Tibeter, merke ich schon am Eingang zum Regierungssitz, einem sehr einfachen Gebäudekomplex. Obgleich ich ja geladener Gast des Dalai Lama bin, werde ich den üblichen Riten unterzogen: Ich muß meinen Paß zeigen und liegenlassen, und meine Tasche wird genau untersucht. Man tut es mit Lächeln, man weiß ja, daß ich eingeladen bin, aber eben in fremdes Territorium. Fremd? Oh nein. Hier ist Freundesland. Die Kontroll-Zeremonie ist schuld, daß ich ein klein wenig zu spät komme: der Dalai Lama wartet schon. Sein Lächeln schafft sofort Nähe. Wir kennen uns schon von Berlin und Rom, wir kennen uns schon von jeher.

Uwe und ich haben viele Fragen vorbereitet, aber ich habe wenig Lust zu fragen. Ich möchte viel lieber wortlos vor dem Dalai Lama sitzen wie in Rom, wo wir für eine halbe Stunde uns schweigend unterhielten, Aug in Auge und Hand in Hand. Jetzt, in Dharamsala, muß ich Fragen stellen. Aber es eilt nicht. Wir werden fünf oder sechs Tage Zeit haben. Eine außergewöhnlich lange Audienz. Wir sind glücklich.

Einige unserer Fragen: Was ist Politik eigentlich? Wie kann man Mitgefühl entwickeln in der Politik? Muß es Waffen geben? Wie stehen die Religionen zum Problem der Gewalt? Gibt es gerechte Kriege? Wie funktioniert eine gewaltfreie Wirtschaftsform? Wie kann man Politik und Mystik in einer Person vereinen? Wie sieht die Zukunft Tibets aus? Welche Rolle spielt die Frau heute im Buddhismus? Wie bewältigen die jungen Novizen im Orden ihre Sexualität?

Der Dalai Lama spricht ganz natürlich und offen über Fragen der Sexualität, wie er denn überhaupt keine Tabus kennt. Er selbst und die ordinierten Mönche leben ehelos und haben das Gelübde der Keuschheit abgelegt. Die Haltung des Dalai Lama mir, der Frau, gegenüber ist offen, herzlich, ohne Berührungsscheu, er umarmt mich.

Eine wichtige Frage: Was würde geschehen, wenn Tibet mächtiger wäre und militärisch potent? Würde es gegen die Chinesen aufstehen und sich rächen für alles Schreckliche, was die Chinesen dem tibetischen Volk antaten und weiter antun? Seine Antwort: Natürlich gibt es unter den von Chinesen brutal unterdrückten Tibetern in Tibet und auch im

Exil viele, die mich bedrängen, gegen China sich mit Gewalt zu wehren. Aber abgesehen davon, daß die Chinesen eine enorme Übermacht sind, würde ich meinem Volk verbieten, auch nur im Ansatz Gewalt auszuüben. Warum? Weil Gewalt immer weiter Gewalt erzeugt. Und weil wir Tibeter einst, als wir ein mächtiges Volk waren, die Chinesen überfallen haben. Jetzt ernten wir die karmische Frucht.
Meine Frage: Aber hat Tibet eine Zukunft als Volk und Staat?
Seine Antwort: Wenn alle Nachbarstaaten einverstanden wären, könnte Tibet der Pufferstaat zwischen Ost und West sein. Eine Zone des absoluten Friedens, in die Jedermann einreisen kann und in der es wenige Gesetze gibt, weil jeder das Wohl des anderen will.
Aber, sage ich, gibt es unter den Tibetern volle Einigkeit?
Seine Antwort: Natürlich gibt es immer Probleme, aber man muß Bedingungen schaffen, die Neid und Haß nicht aufkommen lassen, weil es nur geringe Unterschiede im Besitzstand gibt. Es gibt natürlich immer Tüchtige, die es zu mehr bringen, aber der Besitz darf eine bestimmte Grenze nicht überschreiten; der Überhang wird geteilt, wie überhaupt das Teilen jeden Besitzes zur tibetischen Wirtschaft gehören soll. Das bedeutet keine Enteignung, sondern freiwillige Beschränkung des Wirtschaftswachstums und Verzicht auf verschiedene Konsumgüter, die nicht lebensnotwendig sind. Und natürlich muß die Zone radikal entmilitarisiert werden. Tibet soll ein Beispiel dafür sein, daß ein Land in Frieden mit sich und der ganzen Welt leben kann.
Viele Fragen finden in dieser Woche eine Antwort. Aber die eigentliche Antwort auf die fragenden Westler ist der Dalai Lama in seiner Person. Er hat eine starke Ausstrahlung. Am zweiten Tag fühle ich, im Sprechzimmer wartend,

plötzlich das Näherkommen einer noch nicht sichtbaren Strahlkraft. Sie geht dem Dalai Lama voraus und geht von ihm aus. Seine Nähe macht glücklich.
Die ganze Woche bin ich in einem Zustand des gehobenen Glücks. Wir kommen uns immer näher. Es ist schön, wenn seine Hand die meine umschließt. Ein Mönch macht Photographien. Der Dalai Lama erlaubt es. Fünf Tage, täglich einige Stunden neben ihm, haben mich unerhört viel gelehrt.
Am sechsten Tag wage ich eine Frage: Es gibt ein besonderes Gelübde, das die Mönche bei der Ordination ablegen. Genau gesagt: es sind die »vier großen Gelübde«: Ich möchte sie ablegen, aber ich weiß nicht, ob der Dalai Lama mich für reif genug hält.
Sie sind verpflichtend, und der Akt ist feierlich, so einfach alles scheint. Der Dalai Lama und ich sind allein. Ich kenne den Text, wir brauchen keinen Dolmetscher. Der Text in seiner dritten und vierten Strophe heißt:

»... Mit Weisheit und Mitgefühl will ich mich mühen,
Für das Wohl aller lebenden Wesen ...
So lange der Raum dauert
Und so lange fühlende Wesen leben
Will ich dazu helfen
Die Leiden der fühlenden Wesen zu lindern.«

In einfache Worte gebracht: Ich will allen lebenden Wesen (nicht nur den Menschen!) helfen, daß sie zur Erleuchtung kommen.
Noch einfacher: Ich will alle und alles lieben, was existiert, und niemals einem fühlenden Wesen Leid zufügen, nicht in Taten, Worten, Gedanken. Dieses Gelübde soll nicht nur für die gegenwärtige Inkarnation gelten, sondern »für immer«, bis alle Wesen erlöst sind. Das erinnert an das Gebet

der christlichen heiligen Theresia von Lisieux, die das Eingehen in die Seligkeit (buddhistisch: Nirwana) verschmäht, solange es unerlöste Menschen gibt.
Ein erschreckendes Gelübde, aber ist es etwas anderes als das christliche Taufversprechen, alle zu lieben?
Der Dalai Lama ermutigt mich, das Gelübde abzulegen, so tue ich es denn: wozu sonst bin ich auf Erden, als um tätig zu lieben? Wofür arbeitet man sonst als für den Weltfrieden, für die Rettung aller?
Der Dalai Lama übergibt mir feierlich ein Dokument: ein Rollbild mit dem Buddha, dem Datum und der Unterschrift. Auf der Rückseite ein Gebet und, vor meinen Augen gemacht, der Abdruck seiner Hände.
Wenn ich jetzt, viele tausend Kilometer entfernt von Dharamsala, die Worte des Gelübdes sage, fühle ich die lebendige Nähe des Dalai Lama.
Ich habe ihn nicht wiedergesehen, obgleich wir es verabredet haben, ehe er nach Deutschland und in die Schweiz kam. Das Schicksal war nicht dafür: mein schwerer Unfall hinderte mich am Reisen – aber nicht am Einhalten des Gelübdes.
Ich habe alle meine Erinnerungen an Dharamsala und den Dalai Lama aufgeschrieben, und es entstand ein Buch mit dem Titel »Mitgefühl als Weg zum Frieden«.

Ich laufe mir nach. Ich: ein Lichtpunkt in weiter Ferne. Ich versuche ihn zu erreichen. Ich laufe ihm nach. Immer. Es gibt Augenblicke, in denen ich mich, den Lichtpunkt, erreiche. Spirituelle Glücksmomente von allerkürzester Dauer. Einssein mit sich, Einssein mit allem. Das mystische Geschenk.

Aber schon bald bleibe ich wieder zurück, und von neuem laufe ich dem Licht nach, dem Bild jener, die ich werden soll, weil ich sie von jeher bin.
Vermutlich ist das Sterben jener Augenblick, in dem man sich in dem Lichtpunkt auflöst und selbst Licht wird.
Der Mensch ist das Wesen, das einem vorgegebenen Bild nachläuft.

Weihnachtsgedanken, unpassend. Am frühen Morgen ein Anruf aus Petersburg. Mark Varshavsky, der Cellist, der Freund, russischer Jude. Er dirigiert dort ein Orchester. Er denkt an mich. Er denkt an die Stunden in meinem römischen Haus und an unsre Hauskonzerte. Er hat Sehnsucht nach Rom, obgleich er in Moskau »daheim« ist. Wo aber ist er wirklich daheim? Aus der Sowjetunion ging er (der Not gehorchend) nach Israel, von dort in die USA, von dort zurück nach Europa, in die Schweiz, nach Italien, jetzt ist er wieder in Rußland. Wo ist er daheim? Da, wo er Musik machen kann. Und wo er Freunde hat. Das ist Heimat: Freunde haben und arbeiten dürfen. Beides.
Ich denke zurück an den dritten Kriegswinter: mein Mann an der Ostfront, ich aus Schlesien »evakuiert« nach Oberbayern, »heim« also. Das feuchte, lang leergestandene einsame Häuschen an der Salzach, eine halbe Stunde vom Ort entfernt, die beiden Buben noch klein, hungrig, bedrückt. Weihnachtstag-Nachmittag. Die Kinder schlafen. Die Arme-Leute-Küche schlecht geheizt mit feuchtem Torf, die Petroleumlampe niedrig geschraubt, elektrischen Strom gabs nicht in jenem Haus. Und ich allein. Von der Gestapo überwacht (ich sah den Überwacher bisweilen in der Däm-

merung vorbeischleichen). Dunkelheit. Verlassen von der Welt, von »Gott« gar nicht zu reden. Später näherkommend ein Auto auf meiner meist unbefahrenen Straße. Kamen »sie« mich holen? »Sie« kamen gern in solchen Stunden.

Aber das war kein Gestapo-Auto. Ich erkannte das Tuckern des alten Motors: Das war das Auto von unserem Landarzt Dr. Friton. Kam er zu mir oder fuhr er zu einem Kranken? Er kam zu mir. Ein Mensch kam. Ein Freund kam. Ein Mitverschworener gegen Krieg und gegen Hitler. Zuverlässig (von wem konnte man das damals mit Sicherheit sagen?). Die Kinder wachten aus dem Nachmittagsschlaf auf, ich legte ein Holzscheit in den Herd und schraubte die Öllampe höher, es wurde heller und wärmer, und der Doktor holte aus den Taschen seines zerbeulten Mantels köstliche Schätze: Butter, Äpfel, Nüsse, ein Stück schwarzes Rauchfleisch (»schwarz« geschlachtet sicher, denn es war verboten, etwas zu schlachten, man mußte alles dem Staat abliefern). Aber die Bauern waren schlauer als die Bewacher, und von dem, was ihnen blieb, zahlten sie, zum Beispiel, den Doktor, und der Doktor teilte mit mir. Was für ein Fest! Mitten im Krieg, von der Gestapo überwacht, eine Insel der Liebe. Was braucht man mehr, um zu überleben? Aber wie kann man überleben, wenn man gerade das nicht hat: Liebe? Junge Menschen, die sich das Leben nehmen, Kinder reicher Leute, Kinder, die alles besitzen, was sie sich wünschen können – sie gehen fort aus diesem Leben, weil sie nicht geliebt werden und nicht zu lieben gelernt haben ... Jene, die mit Sartre denken: »Die andern – das ist die Hölle.«

Der Sinn ist Liebe. Immer wieder die Frage: wozu lebe ich eigentlich? Wozu bin ich DA? Wozu all die Mühe, alle Leiden, alle Kriege, wozu überhaupt das LEBEN?
Die Frage anders gestellt: nicht wozu, sondern *warum* leben wir? Weil wir geboren sind. Gut, aber warum leben wir nach der Geburt weiter, immer weiter? Auf einem oberbayerischen Bauernhaus fand ich aufgemalt den Spruch:

»Weiß nit woher ich komm
Weiß nit wohin ich geh ...
Weiß nit warum ich fröhlich bin«

Sartre zitierte den Heideggerschen Satz vom Ins-Dasein-Geworfensein des Menschen. Er war darüber nicht fröhlich, er war nicht dankbar für das Geschenk des Lebens, er war schwärzester Pessimist. Er und andere Existentialisten sahen keinen Sinn im Dasein. Buddhisten sagen, sie haben ihr Dasein und Sosein vorgeburtlich gewünscht, damit sie die Mitmenschen den geistigen Weg führen können. Christen sagen, sie leben, um Gottes Willen zu erfüllen, und in sich und anderen den göttlichen Geist zu entfalten. Die Mystiker aller Religionen fragen nicht nach dem Sinn – sie leben ihn, sie SIND der Sinn. Wie aber? Einfach indem sie leben. Was heißt das? Sie haben in jeweils langer Lebens-Schulung gelernt, krankmachende Diskussionen zu überwinden. Sie sind gelassen. Sie nehmen sich so an, wie sie das Universum annehmen.
»Alles ist Nichts, Nichts ist Alles«, und alles ist unendlicher Liebe wert, und das »Nichts« wird »Alles«, indem man es liebt. Diese Liebe gilt Bäumen, Tieren, Steinen und Menschen. Diese Liebe zu allem schafft innere Harmonie, Gelassenheit und Freudigkeit. So zu lieben gibt dem Leben seinen frag-losen Sinn.

Eitelkeit. Was für ein Verlust an natürlicher Lebensfreude, wenn einem die Eitelkeit abhanden kommt. Eitelkeit: der Genuß des eigenen Ich. Der Blick der jungen Frau in den Spiegel: »Ich bin hübsch und werde bewundert.« Ursache zum Glücklichsein. Oder der Blick des Schauspielers in die Zeitung, die ihn lobt: »Ich bin beliebt, ich bin angebetet, ich bin besser als mein Kollege X.« Oder der Blick des Vortragenden auf das Publikum im Saal: »Ich bin gesucht, bin bewundert.« Oder der Mann, irgendeiner: »Ich sehe gut aus, ich kann jede Frau ins Bett kriegen.« Oder der Sportler: »Ich bin dem Y turmhoch überlegen.« Oder ... oder ... Was für Gründe gibt es doch, eitel zu sein aufs eigene So-Sein, verliebt zu sein in sich selber. Genauer gesagt: Verliebtsein in die zeitlich-räumliche Ich-Erscheinung des eigenen Selbst.
»Du sollst deinen Nächsten lieben wie dich selbst.« Ein göttliches Gebot sogar. Ja, schon. Aber Liebe ist nicht Verliebtheit. Liebe ist nicht an Äußerlichkeiten gebunden. Liebe trifft das währende Selbst, die bleibende Person, nicht die flüchtige Erscheinung. Liebe ist nicht Selbst-Genuß. Liebe ist Hingabe an Größeres. Echte Liebe ist nicht ichbezogen. Sich selber lieben ist etwas ganz anderes als die banale Verliebtheit in eigene vergängliche Vorzüge. Sich selber lieben heißt: sich begreifen als liebenswertes Wesen unter Milliarden anderer liebenswerter Wesen, weil man (wie alle!) göttlicher Herkunft ist.
Diese Erkenntnis schließt jede lächerliche Eitelkeit aus. Aber wie schwer ist es, zu dieser Erkenntnis zu gelangen. Bisweilen denkt man (älter werdend), man habe die Eitelkeit überwunden. Aber wehe, wenn man sich plötzlich mißachtet fühlt. Da bäumt das törichte Ich sich mächtig auf, wenn auch nur für kurze Zeit, aber immerhin ... Meine

eigene Erfahrung: Seit mir meine Schriftsteller-Eitelkeit (die nie stark war, man siehts, wenn man will, aus meinem Horoskop) abhanden kam, nach und nach, aber merklich, ist mein Leben ärmer, farbloser geworden. Ich schaue nicht mehr gern in den Spiegel, auch nicht gleichnishaft. Ich erkenne mein Ich nicht mehr. Wer ist die, die da sitzt und schreibt? Wer ist die, die gelobt, geliebt, verrissen, befeindet wird? Nach und nach ist mir all das Schnörkelwerk zerbröckelt. Was sich deutlicher abzeichnet, ist: Selbstironie und Gelassenheit. Die Lebenslandschaft wird kahler, härter, klarer. Ich erlebe das Wort des Angelus Silesius: »Mensch, werde wesentlich.«

Das scheint schön und gut. Aber es kann sein, daß man, vermeintlich ins Größere gewachsen, in des Teufels subtile Schlinge gerät. Man wird eitel auf die eigene Nicht-Eitelkeit. Man ist stolz, in der Wüste der Ich-losigkeit leben zu können, und das ist die schlimmste aller Eitelkeiten, vielmehr: das ist sündhafter Hochmut. Lieber Gott, laß mir doch noch ein wenig Eitelkeit und ein wenig Stolz auf meine Lebensleistung, noch eine kleine Weile, bitte! Laß mich nicht so nackt allein in der Wüste der Erkenntnis.

Sich töten wollen. Der Doppel-Selbstmord in Rom: Zwei Mädchen stürzen sich aus dem siebten Stock eines Hauses. Nicht einfach in einem plötzlichen Ausbruch von Verzweiflung oder Wahnsinn. Sondern wohl vorbereitet. Anscheinend klaren Geistes. Unten eine große Gruppe Jugendlicher. Wozu? Um die Stürzenden aufzufangen? Um die zwei da oben zu überreden, am Leben zu bleiben? Nein. Sie sind bewußte Zeugen einer heroischen Tat. Wieso das? Die beiden da oben geben an, daß sie »wissen wollen, wie das ist: stürzen ins Nichts, in den Tod, und wo man da ankommt«. Eine metaphysische Neugierde (oder Wißbegierde). Sie werden enttäuscht sein: Sie werden eine Weile körperlos leben, um dann, reinkarniert, das mutwillig verspielte Schicksal neu aufzunehmen und das Leben zu lernen.

1995

Neujahr 1995. Früh geweckt durch wilden Südsturm, Dunkelheit fast den ganzen Tag, nach dem Schweigen des *Scirocco* der übliche Regen, Regen, Regen. Trister Beginn. Nach vier Wochen schlimmen Schwächezustands wieder auf den Beinen. Versuch, mein normales Leben wieder aufzunehmen. Sprung ins kalte Schwimmbecken, Gymnastik, Yoga. Telefonate an Menschen, die mein Anruf freut. Einige Anrufe, die mich freuen, soweit irgend etwas mich freut: von Christina C. aus Jerusalem, diesem Geschöpf, das eher der Engelsphäre angehört, mit ihren wunderbaren Verrücktheiten. Und ein paar Anrufe von Leuten, die mich trösten wollen, indem sie mir Heiteres erzählen. Die Törichten. Ich habe mich selbst zu trösten. Niemand kann mir helfen. Als ob ich nicht alles selber wüßte, Besseres, Tieferes. Ich bemühe mich, dankbar zu sein, und schweige. Jedes Wort tut mir weh. Ich bleibe aufrecht und höflich. Sie meinen es so gut. Aber jede Berührung reißt die Wunde neu auf.

Vor genau vier Wochen haben wir Stephan begraben. Er liegt in der warmen Erde, dort, wo auch mein Grab sein wird. Als er im Koma lag, sagte ich ihm: Du wartest auf mich; ich komme, und dann liegen wir Arm in Arm, und niemand trennt uns mehr, und aus unsrer Materie ist gute Erde geworden. Dein Materielles vermischt mit dem meinen. Beides Humus für Blumen und für die Sträucher der Hecke am Weg. Aber unser Geist, der ist dann längst vereint.

Ich sage ihm Worte der Liebe ins Ohr. Aber ich sage ihm auch, er müsse die Nabelschnur durchtrennen, wir sind,

sage ich ihm, nicht mehr Mutter und Sohn, wir sind Geschwister, Kinder des Einen.
Kinder des All, die wir waren, ehe wir uns als Mutter und Sohn wählten.

Januar 1995. Anfälle von Trauer und Schmerz. Für meine Arbeit am Thema »Politik und Mystik« lese ich das Buch des Mystik-Spezialisten Sheldon Chenay. Ich schlage »zufällig« eine Seite auf: Einer Mutter ist ihr Kind gestorben. Sie kann sich nicht abfinden damit. Sie trägt den kleinen Leichnam mit sich, um bei allen Heilern Hilfe zu finden. Keiner weiß Rat. Ein Weiser sagt: »Hier, nimm die Sesam-Samen und frage alle Leute, ob in ihrem Haus noch nie jemand gestorben sei; wenn du so ein Haus findest, so gib den Samen ab, und dein Kind wird wieder leben.«
Was für eine Hoffnung! Was für eine suggestive Sicherheit! Die Frau geht von Haus zu Haus. »Ist hier noch niemand gestorben?« Sie findet kein Haus, in dem nicht einer aus der Familie gestorben ist. Da begreift sie. Von da an sagte sie »ja« zum Tod ihres Kindes, und sie sagte »ja« zum Tod, wie sie es zum Leben sagte. Sie wurde eine buddhistische Heilige.

Irrtum. In der Psychoanalyse erkennt man nur jene Bezirke seiner selbst, die man bisher nicht kannte. Aber das Ganze, das »Ich-Bin«, vermag ich nicht zu erkennen.
Dies bedenkend, gehts mir, wie es mir ging, als ich als etwa Sechzehnjährige (nein, ich war jünger) einen Würfel »ganz« sehen wollte. Wie ichs auch anstellte (selbst mit dem

Spiegel), es gelang mir nicht, alle Seiten gleichzeitig zu sehen. Es machte mich schier verrückt. So ließ ich denn, notgedrungen, den Würfel eben »un-erkannt«, und so lasse ich mich selbst unerkannt. Freilich gibt es eine Art fragmentarischen Erkennens: das Ver-kanntwerden. »So bin ich nicht«, kann man sagen. Aber wie denn bin ich? Eine negative Psychologie: wie die negative Theologie? In der Bibel wird »erkennen« gebraucht als Synonym für die eheliche Umarmung. Aber vielleicht soll es heißen: an-erkannt werden als Paar. Vielleicht auch bedeutet es etwas viel Tieferes: die eheliche Umarmung ist der hohe Augenblick, in dem man weiß, wer man ist, weil man es nicht mehr weiß, da man Eins ist im Neuen, dem WIR. Vielleicht ist das Sterben der Zeitpunkt, an dem man sich erkennt, und vielleicht ist dies ein schrecklicher Augenblick, oder auch ein glückseliger. Vielleicht besteht das wahre Sich-selbst-Erkennen in der Liebesumarmung mit dem All-Umfassenden, dem Einen.

Wer bin ich? Mein sehr kranker Freund Isang Yun, frommer Buddhist, antwortete auf meine Frage nach seinem Ergehen tief nachdenklich: Ich bete zu Buddha, daß er mich erkennen lasse, wer ich bin.

Die abgründigste Frage: Wer bin ich ...

Was ist das, wonach ich frage? Was will ich denn da wissen? Weiß jemand, wer ich bin? Weiß jemand, wer er selbst ist? Weiß jemand, was das »Ich-Bin« meint?

Es meint, ich bin kein anderer. Ich erkenne mich als »Ich-Bin« nur aus der Beziehung zu einem andern. Und ich erkenne den andern nur aus meiner Beziehung zu ihm. Wir alle erkennen uns nur als Beziehungsfiguren.

»Erkenne dich selbst«, das berühmte Wort, ist Un-Sinn. Un-philosophisch. Du kannst dich nicht erkennen, so wenig das Licht sich erkennt und so wenig wir den Schatten erkennen, wenn wir nicht das Licht kennen. Nie kann ich mich sehen als »Ich-Bin«. Nur ein Wesen kann von sich sagen: »Ich bin, der ich bin.« DER SICH KENNENDE.

Was IST, was ist nicht? Immer durchsichtiger wird mir die materiale Welt. Die Dinge SIND und sind doch nicht. Ich sehe das Gespinst der Ideen. Sie SIND. Sie sind die eigentliche Wirklichkeit. Ich selber werde mir immer durchsichtiger. Das hat nichts zu tun mit »Selbsterkenntnis«. Es ist völlig außerhalb der psychologisch-moralischen Kategorie. Es geschieht etwas ganz anderes: Der stoffliche Leib (zu dem Gehirn und Nerven gehören) verwandelt sich unmerklich in eine andre Art des DA-SEINS. Man ist in die Materie eingebunden, aber diese Materie selbst ist eine andre als die gewohnte.
Das ist, scheint mir, die sanfte Vorbereitung auf das »Sterben«: auf die bedeutende Verwandlung des Seienden.

Oktober 1995. In einer kleinen Ledermappe, die ich unter Stephans Nachlaß fand, ein Zettel, beschrieben von Stephans Hand:
»Die Dinge sind nicht, wie die Dinge erscheinen.
Die Erscheinungen der Dinge sind nicht, wie die Dinge sind.«
Ein Zitat? Von wem? Stephan las viel Meister Ekkehart. Aber das Geschriebene, mehrfach korrigiert, scheint kein bloßes Zitat. Ich glaube, Stephan hat es selbst gedacht.

Ich hatte ihm auf seinen ausdrücklichen Wunsch eine Ekkehart-Ausgabe geschenkt. Er las viel darin. Ich bin überzeugt, daß Stephan als ein Fast-Vollendeter hinwegging. Er WUSSTE.
Er ging zu früh, ehe wir uns wirklich verstanden. Aber wir haben einige Leben vor uns.

Psyche. Christoph und ich fuhren am 10. Oktober nach Wessobrunn zu Stephans Grab. Sein Geburtstag. Er wäre vierundfünfzig geworden. Er starb am 29. November 1994. Der Grabstein ist aufgestellt. Unter Stephans Namen ist freier Platz für den meinen, und für mein Sterbedatum. Ich fühle keine Trauer, vielmehr eine tiefe Gelassenheit. »Hier also«, denke ich, »aber wann?« In diesem Augenblick sehe ich, daß auf dem Stein ein Schmetterling sitzt, regungslos fast. Ein Pfauenauge. Das Blau leuchtet aus dem Braunen. Mir fällt ein, daß das griechische Wort für Schmetterling »Psyche« heißt. Ich fand es einmal zufällig in meinem griechischen Wörterbuch. Psyche: Seele. Was da auf dem Stein sitzt: Stephans Seele. Sie ist geflügelt, ganz still, im Licht. Stephans Gruß an uns.
Ein zweites Zeichen: Jemand hat ein aus Stanniol gemachtes Windrädchen aufs Grab gestellt. Obwohl kaum eine Luftbewegung, dreht sich das Rädchen munter. Wer hat es aufgestellt? Was sagt es uns? Stephans Spiel, nachgelebte Kindheit.
Und das dritte Zeichen: Ich brachte eine Kerze mit und stellte sie zwischen das Grün; wir glaubten, sie würde vom Windhauch gelöscht. Sie brannte still ab.
Immer noch kann ich nicht weinen. Aber warum auch sollte ich's tun, wenn mir solche Zeichen zukommen?

Ein trostlos langweiliger Sonntag. Ein goldener Oktobertag. Alle meine Freunde und Bekannten sind irgendwo auf dem Land. Ich will arbeiten. Es geht nicht. Mittags fahre ich mit der Tram in die Stadt. Ziellos. Ich hoffe am Hauptbahnhof irgend etwas Interessantes zu beobachten. Nichts. Hinter dem Bahnhof eine kleine Ansammlung von Männern. Ausländer. Eine stark betrunkene, dicke Frau, die schläft. Auf dem Boden leere Bierflaschen. Viele. Außer der Frau ist niemand wirklich betrunken. Sie reden in Deutsch, Italienisch, Serbokroatisch und was es sonst noch gibt. Sie verstehen einander. Sie bilden eine Gruppe. Sie sind unter sich. Sie fühlen sich zusammengehörig einfach durch die Tatsache, daß sie keine Deutschen sind, sondern Asylanten oder als was eben sie sich fühlen. Ich möchte mich gern zu ihnen setzen. Immer fühle ich mich zu fremden Minderheiten hingezogen. Ich bin heimatlos wie sie. Immer. Überall. Eine Art Sehnsucht zieht mich zu ihnen. Ging es dem Juden Jesus nicht auch so? War er nicht ein Freund der Randfiguren, der Gammler, Bettler, Huren? Ist in denen, die nicht zur Gesellschaft gehören, das Menschliche reiner und stärker zu finden? Als Kind glaubte ich fest, von Zigeunern zu stammen oder ein Findelkind zu sein. Fremd, sehr fremd. Bis heute.

Ich wage nicht, mich zu den Bahnhofs-Gammlern zu setzen. Sie hätten mich nicht angenommen, hätten etwas Absichtliches vermutet: jemand von der Heilsarmee vielleicht. Ach, ich wäre nur zu gern bei ihnen gewesen, Mensch unter Menschen, weiter nichts. Ich gehe weiter, sonderbar traurig, stumm abgewiesen, eine brave deutsche Bürgerin, eine Abgesicherte, eine mit dem richtigen Paß. Ich lege, mich schämend, einen Geldschein auf einen Stein.

Hinter dem Karlstor, in der menschenleeren Neuhauser

Straße, fällt mir ein Mann auf, groß, hager, aufrecht, das Gesicht bärtig, keinerlei Gepäck, kein Zeichen von Trunkenheit, und seine Kleidung, wiewohl Armut verratend, ist nicht die eines Bettlers. Was für ein Mensch ist das? Ein Einsamer. Einer, der eine Aura von ungewöhnlicher Fremdheit verbreitet. Ein Ausländer, oder auch nicht, und wenn ein Ausländer, dann kommt er aus einem Niemandsland. Ich folge ihm eine Weile, ich möchte ihn ansprechen. Ich wage es lange nicht. Dann tu ichs: ob er etwas suche, ob ich etwas für ihn tun könne ... Er wendet sich ab, nicht brüsk, doch deutlich zeigend, daß er allein sein will. Ich folge ihm in einiger Entfernung, als hinge viel davon ab, daß ich mit ihm rede. Aber da ist er verschwunden. Wohin? Die Straße ist menschenleer, keine Tür ist offen, kein Hausgang kann ihn aufgenommen haben, denn da ist keiner. Die Straße ist leer.

Ich erinnere mich der buddhistischen Geschichte von dem, der den Buddha sehen will. »Die erste alte Bettlerin, der erste räudige Hund, der erste Krüppel, der dir begegnet, das ist ER.«

Ich werde ihn immer suchen, ich werde ihn wiederfinden.

Mitten an der Kaufingerstraße ein Tisch mit Büchern. Ein Plakat: »Gott ist für deine Sünden gestorben.« Der Satz provoziert mich. Ich sage zu dem rosig-blonden dicken Mann: »Erstens kann Gott nicht sterben, er ist unsterblich, und zweitens ist er nicht für uns Sünder gestorben, denn ...« Er fällt mir ins Wort, er pariert geschickt: »Sofern Gott Mensch wurde, wurde er auch sterblich. Und Sünder, schwere Sünder sind wir alle.« Dabei lächelt er, als genieße er seine Sündhaftigkeit, oder mindestens sein Eingeständnis. Da gesellt sich ein Dritter zu uns, sichtlich Jude, und mischt sich erbittert-freundlich ins Gespräch. »Dieser Jude Jesus war nicht Gott, und er starb aus politischen Gründen ...«

Das Gespräch, pseudotheologisch absurd. Man ist gewöhnt, daß solche Straßengespräche sich um aktuelle Politik, um Parteipolitik, drehen, und daß sich jeweils viele Leute einmischen. Aber ein öffentliches Religionsgespräch, es interessiert keinen Menschen. Wer will an diesem sonnenwarmen Oktobertag wissen, ob Jesus Gott war und ob er für uns Sünder starb und überhaupt ...

Kinder zerren ihre Eltern zur nächsten Attraktion: ein Pantomime im Harlekin-Kostüm, vor sich ein Körbchen, in das Leute Münzen werfen, wofür er sich jeweils mit groteskem hölzernen Rucken bedankt. Der Mann spielt seine Rolle so gut, daß die Kinder ihn verwirrt anstarren. Besonders ein etwa Vierjähriger steht wie behext, er schaut und schaut und weiß nicht, ob dieser Mann lebt oder eine Marionette ist. Ich gebe dem Kind eine Münze: komm her, wirfs ins Körbchen. Er wagt es lange nicht. Als ers schließlich tut und der Mime sich mit einem steifen Ruck tief verbeugt, springt er entsetzt zurück, bleibt aber dann fasziniert stehen. Das Phänomen packt ihn, er kommt und kommt nicht damit ins reine. Schließlich zieht ihn seine Mutter weg, aber er läßt sich fast schleifen und geht mit rückwärts gedrehtem Kopf. Ihm ist etwas Unheimliches geschehen. Er verstehts nicht.

Mir bietet sich jetzt eine offene Tür an. Leute kommen heraus, Leute gehen hinein: die Unterkirche des »Bürgersaals«, der Ort, an dem man den Jesuitenpater Rupert Mayer verehrt, der Hitler offen Widerstand leistete und mit dem Tod büßte. Er wurde zur Symbolfigur für den geistigen (den katholischen) Widerstand gegen das Böse in viel-

facher Form. Seiner gedenkend, denkt man an Hitler und an alle Tyrannen der Welt und ihre Opfer. Es gab den Widerstand, es gibt ihn, hier liegt ein Zeuge. Einer von Tausenden, die man vergißt. In ihm aber leben sie alle. Er hält das Gedächtnis am Leben.
Ich sitze eine Weile still. Unter den Betern eine indische oder pakistanische Familie. Der Vater, offenbar von christlichen Missionaren erzogen, kniet und betet auf westliche Art. Die Frau bleibt hinter ihm stehen, regungslos. Der Sohn (ich denke, er ists) weiß nicht, was er tun soll, er geht bald, seine Frau (wenn sie es ist) folgt ihm. Ostasiatische Jugend in einer katholischen Kirche fühlt nichts als Fremdes. Ich, oft in irgendeinem buddhistischen Tempel des Ostens, fühle mich auch dort »daheim«.
Auf der Straße höre ich Musik, klassische Musik. Ich gehe ihr nach, von ihr gezogen. Hinter der Kaufhaus-Passage eine kleine Gruppe. Fünf junge Männer. Sie spielen Schubert, dann Mozart, Unbekanntes, sie spielen ausgezeichnet. Andächtige Zuhörer wie im Konzertsaal. Besonders gut der Oboist. Konzertreif. Kein Deutscher. In einer Pause spreche ich ihn an. Rumäne. Hat schon in Bukarest studiert, lernt hier weiter, alle sind sie Studenten der Musikhochschule. Vor ihnen ein leerer Geigenkasten, die Zuhörer legen Geld hinein, größere Scheine, keine Münzen. Respekt vor dem Können. Ich schäme mich, daß diese Musiker gezwungen sind, Bettelmusikanten zu sein. Sie müssen. Sie haben viel zu wenig Geld. Sie hungern sich durch. Ich lasse mir die Adresse des Oboisten geben. Ich will versuchen, am Bayerischen Rundfunk etwas für ihn zu tun, wenigstens für ihn. Ich bleibe lange stehen. Zwischen klassischen Stücken, ohne vorbereitende Pause, plötzlich Zigeuner-Musik, hinreißend. Eigentlich möchten wir alle dazu tan-

zen. Warum tun wirs nicht? Wäre ich jünger, ich begänne damit.
Ich möchte jetzt einen Kaffee trinken, aber ich sehe: meine Geldbörse ist leer. Ich habe alles ausgegeben. Es ist mein Dank an meine Mitmenschen, die mir die Tristezza des einsamen Sonntags vertrieben.
Es war ein schöner Sonntag.

Überraschung. Der Brief einer Frau, die 1929 meine Schülerin war, als ich Hospitantin an der Seminarübungsschule in München war. Ich war achtzehn, sie war zehn, und sie erinnert sich an ihre »Lieblingsseminaristin, die uns Zehnjährige begeistern konnte ...« Dem Brief beigelegt ein fotokopiertes Blatt aus ihrem Poesiealbum. Was schrieb ich der Zehnjährigen ins Album: »Neu und freier wird das Herz durch besiegte Leiden. Herder. Einen herzlichen Glückwunsch für Dein Leben. München, Oktober 1929.« Eine Achtzehnjährige schreibt das einer Zehnjährigen. Was dachte ich mir dabei, was dachte sie dabei? Was konnte sie sich dabei überhaupt denken? Aber wovon sprach die Achtzehnjährige? Sie las Herder. Schul-Lesestoff vielleicht. Aber eher freie Lektüre. Es war meine ausgesprochen philosophische Zeit.
Und was sagt die Autorin heute zu ihrem Album-Spruch? Was hat sie der Zehnjährigen zugemutet? Was hat sie für sich vorausgenommen, vorausgewußt? Ihren Lebensweg, was sonst.

Seltsame Vision. Ich habe mit einigen Besuchern über die »Jungfrauen-Geburt« gesprochen, vielmehr ihnen zugehört, einig mit ihnen im Un-Glauben an die Möglichkeit

einer Empfängnis ohne Mann. Einer sagt: »Na ja, vielleicht gab's damals schon künstliche Besamung.« Das ist Zynismus, das mag ich nicht. Für mich ist die Geschichte reiner Mythos, wie für Meister Ekkehart, welcher der Besamung einer Jungfrau keinen Wert beilegt, vielmehr Jungfräulichkeit deutet als unberührtes Land, »jungfräulich«, makellos, von keinem materialen Begehren befleckt, einzig auf das Göttliche gerichtet, ganz leer (die zen-buddhistische vollkommene Leere, die den Gott empfängt). Als die Besucher gegangen waren, kam mir plötzlich – wer weiß woher – die Antwort im Bild: Ich sehe einen Mann und eine Frau in der Umarmung liegend. Josef und Maria. Beide bekleidet mit Gewändern, die sich nach und nach in Licht auflösen, bis die beiden Menschen nackt sind, aber die Nacktheit ist Licht. Zwei Lichtwesen, die einen göttlichen Akt vollziehen.
Ich denke hernach an Heisenbergs physikalischen Satz von der Materie, die sich in Geist verwandelt und wiederum Materie werden kann. »Und er ist Fleisch geworden.«

Diemut. Wer ist das? Ich hätte es längst wissen können, wissen sollen, denn sie ist auf seltsame Weise mit mir verbunden: Sie lebte an jenem Ort, mit dem mein Leben so eng verbunden ist, daß ich dort begraben sein will neben meinem Sohn Stephan, der dort schon liegt. Als Kind saß ich mit Vorliebe zu Füßen einer Steinsäule, die ganz verloren stand in jenem Klostergarten zu Wessobrunn, den ich in meinem ersten Buch ›Die gläsernen Ringe‹ geschildert habe. Man sagte mir, die Säule sei der einzige Rest einer Kirche, die »tausend Jahre alt« war, als sie 1709 abgebrochen wurde. Das stimmt historisch vielleicht nicht, das ist mir gleichgültig. In jener abgebrochenen Kirche war ein

Grab mit den Gebeinen einer »heiligmäßigen, selig-gesprochenen« Nonne namens Diemut. Diesen Gebeinen war keine Ruhe gegönnt, wie es auch einer anderen großen Nonne, der Priorin Héloïse, der Geliebten Abaelards, ergangen war, die mehrmals »umgebettet« wurde, bis sie in Paris auf dem »Père Lachaise« Seite an Seite mit ihrem unglücklichen Liebsten Ruhe fand. Diemuts Gebeine sind nicht aufzufinden, aber ihre Spuren sind vorhanden, und zwar in der Münchner Staatsbibliothek. Diese Nonne, aus bayerischem Adel, um 1100 lebend, war die erste deutsche Schriftstellerin. Was schrieb sie? Die Chroniken berichten, sie habe sich mit dem »Abschreiben heiliger Bücher« befaßt. Abschreiben, das bedeutet: zuerst lesen können, und das bedeutet, daß sie zumindest Latein konnte, vielleicht auch Griechisch, wie die anderen großen Frauen des frühen Mittelalters: Hildegard von Bingen, Roswitha von Gandersheim, Mechthild von Magdeburg. Diemut, bayerische Aristokratin und Gelehrte, schrieb nicht nur ab, sie verfaßte selbständig philosophisch-theologische Schriften, von denen fünfzehn erhalten sind. Wo denn? In der Münchner Staatsbibliothek – und, wie ich lese, »unzugänglich«. Wieso? Auch ihr Briefwechsel mit der Nonne Herluka in Kloster Bernried sei »vorhanden«, aber wo ist er? Der Kurfürst Maximilian schenkte ihn dem Papst Gregor XV. im 16. Jahrhundert. Wir müssen also in den Vatikanischen Geheimarchiven suchen, in der Bibliotheca Palatina. Obwohl Papst Leo XIII. im vorigen Jahrhundert ein Verzeichnis der 3500 Handschriften machen ließ, haben wir keinen Einblick in Diemuts Schriften. Nun: Diemut trat als junge Frau ins Kloster Wessobrunn ein und lebte dort als Reclusin in einer kleinen kalten Zelle. Durch ein Fensterchen hatte sie Verbindung mit der Außenwelt. Es kamen geistliche und welt-

liche Ratsuchende. Sie war eine Art Psychotherapeutin neben ihrem Beruf als wissenschaftliche Schriftstellerin. Sie starb 1130 dort, wo sie gelebt hatte.
Wer kann wissen, was mich von Kind an magisch an jene Stelle zog, an der sie vermutlich gelebt hat? Wer an Reinkarnation glaubt, kann eine Antwort geben.

Gabriel Marcel und das Denken. Er schlägt sich in seinem »Metaphysischen Tagebuch« herum mit dem Gedanken der Unvereinbarkeit von A und B. »Bleibt mir noch immer die Ausflucht, sie nicht sehen zu wollen? Man wird mir vorhalten, damit lehnte ich das Denken ab. Sei's drum: und wenn ich es auf mich nehme, nicht zu denken? Wenn ich mich für eine Welt entscheide, die nicht die des Denkens ist?«
Wie nah ist er damit nicht nur der Mystik, sondern auch dem Taoismus, oder, um in Europa zu bleiben: wie nah dem Cusaner, der keine Gegensätze anerkennt, sondern nur Polaritäten, die zusammen erst die Einheit bilden.

Schauen. Plötzlich »sehe« ich es: das grenzenlose und unendliche Energiefeld des Seins.
Es ist in unaufhörlicher Bewegung. Es fließt. Es umfließt uns, aber es steht gleichzeitig still. Es trägt uns mit sich. Es ist das Sein schlechthin. Es ist das, was wir Gott nennen. Der Urstrom. Die Ur-Strömung. Ich sehe mich in diesem Energiefeld. Ich bin Mittelpunkt. Jeder ist Mittelpunkt. Jeder gleich weit entfernt von dem, was man die äußerste Grenzlinie nennen könnte. Aber es gibt keine Grenzlinie. Das ist das Unvorstellbare. Es gibt nur unzählige Mittel-

punkte im Innern einer grenzenlosen Sphäre. Ich fühle mich getragen und geborgen, aber von einer Art Schrecken erfaßt. Ich bin der Unendlichkeit nicht gewachsen. Wer wär's denn auch.
Selbst Maria erschrak, als ein himmlischer Bote vor ihr stand. Das Heilige ist immer von Schrecken begleitet.

Na, und wenn schon ... B. erzählt mir, er habe einmal, am Kanal entlanggehend, »den Glauben verloren«, nämlich den Glauben an die Ewigkeit der Seele und an das Fortleben nach dem Sterben, und an Gott überhaupt. Ein höllischer Augenblick. (Wie gut ich ihn kenne, den Dämon der Finsternis!) Und was tat B.? Er schüttelte sich wie ein nasser Hund und sagte laut: »Na – und?« Und wenn schon. Und wenn all unsre Glaubens-Bilder dahinschwinden? Und wenn wir uns das alles, was Glaube heißt, nur zu unserem Trost zusammengedacht haben? Wenn da gar nichts ist, wo wir Gott und Göttliches vermuten? Na – und? Von diesem Augenblick an überkam B. die große Erleuchtung. Die Befreiung. Na – und?

»Ein Mensch sollte niemals so heftig schreiten, daß nicht der Wind seine Fußspuren fortwehen kann.«
Ein Indianer-Spruch.

Wie sich Dinge fügen. Heute bekam ich endlich den bestellten Musikapparat: Radio und CD-Player. Lang entbehrt, die Musik. Die neue Wohnung bislang stumm. Jetzt das technische Problem: Wohin stelle ich Empfänger und Lautsprecher? Ich will mein Zimmer möglichst leer. Aber der Empfänger, wohin mit ihm? So klein er ist, ein ganz modernes Gerät, er braucht doch einen Platz. Schließlich die Lösung: Ich habe noch ein niedriges hölzernes Bänkchen, das ich als Blumenständer benutzen wollte. Aber das wäre eine arge Verfremdung: es ist ein Musikinstrument, ein Xylophon, eins der allerersten, primitiven, aus dem Orff-Instrumentarium; Orff schenkte es mir vor Jahrzehnten, und Stephan, das musikalische Kind, nahm es begeistert als Schlagzeug. In meinem Buch ›Saturn auf der Sonne‹ ist ein Foto: Stephan mit dem Liederbuch, Christoph am Xylophon. Dieses Xylophon, es hat mich viele Jahre von Wohnung zu Wohnung begleitet. Jetzt ist es bis hierher gelangt, und jetzt findet es seine Bestimmung als Träger des Musikapparats. Ich, zeichensüchtig, sehe den Zusammenhang: Orffs Instrument, Stephans Schlagzeug, beides in meiner neuen Wohnung. Wieder einmal fällt mir das Wort der Scheidungsanwältin ein: »Ihr kommt doch nie auseinander.«

H. T. erzählt mir eine Geschichte: Jesus geht neben einem Rabbi auf der Straße. Da kommt ein Huhn geflattert und stört: Bald ist es vor den Füßen der Wanderer, bald dazwischen, daneben ... Der Rabbi verscheucht es vergeblich. Schließlich sagt er zu Jesus: »Verjag doch du das lästige Tier.« Jesus sagt: »Dieses flatternde Huhn ist deine Seele.«

Das kleine Wunder. Ich raffe mich auf, in die Stadt zu fahren und ins Kino zu gehen. Alle Welt sagt, ich müsse ›Schlafes Bruder‹ sehen. Nachmittagsvorstellung im

»Gloria«. Ein Dutzend Leute (zur Abendvorstellung drängen sich dann die Interessierten). Eine »ältere Frau« (sie ist acht Jahre jünger als ich, stellt sich heraus) ist Platzanweiserin. Sie hat niemand anzuweisen. So ergibt sich, ich weiß nicht mehr wie, ein Gespräch. Ja, doch: sie sagt, der Film sei nichts für junge Menschen, die wissen ja nicht, wie es früher war und wie es auf dem Land war, ach, sie sind so dumm und auch so frech ... Ich übernehme die Rolle der Verteidigerin der Jugend und der »bösen« Menschen überhaupt, ich sage, es gebe keine wirklich bösen Menschen, nur von der Gesellschaft falsch »programmierte«. Sie läßt sich schließlich umstimmen. Sie war vierzig Jahre Krankenschwester im Erzgebirge, sie kennt das Leben, sie ist ein wenig bitter, ich umarme sie, und sie legt ihren Kopf an meine Schulter.
Nach dem Ende des Films kommt sie zu mir. Bitte, warten Sie! Sie bringt mir einen Strauß blauer Iris. Sie muß ihn mittlerweile gekauft haben, er ist frisch. Sie kennt mich nicht. Warum die Blumen? Für ein Gespräch, für ein wenig Zuneigung. Für etwas, das sie sonst nicht bekommt. Ich werde sie nächstes Mal suchen.
Der Film ist sehr gut (Kamera, Schauspieler, Regie), und doch hinterläßt er einen unguten Eindruck. Zu viel Finsternis, zu viel Blut. Zu viele Schrecknisse. Zu viel unmotivierter akustischer Lärm. Von allem zu viel. Freilich: die *story* (der Roman) ist gut. Und schön die unglückselige Liebesgeschichte. Ich kenne sie, weiß aber nicht, woher und wieso. Kannte ich sie schon immer? Ist sie eine archetypische Tragödie, ins Heute und Niederbayerische übertragen? Ertragen wir solche bergbäuerlichen Tragödien noch? Gehören sie nicht zur Blut-und-Boden-Literatur der deutschen Vergangenheit? Der Schluß freilich ist einfach schön. Aber es

gibt kein Gegengewicht zur Tragik. Es fehlt die Komödie, welche den finsteren griechischen Tragödien folgt und das Gleichgewicht wieder herstellt.

Beim Wiederlesen meiner Arbeit zum Thema Musik (›Die Aufgabe der Musik in der Gesellschaft von heute‹), geschrieben für die Wiedereröffnung der Philharmonie in Berlin, stiegen mir neue Fragen auf, die ich schon gelöst glaubte. Ich habe über Musik geredet, als sei sie ein real existierendes Phänomen, das seine Existenz beweist damit, daß es sich dem Menschen erschließt durch ein reales Sinnesorgan: das Ohr. Aber beweist das Hören oder das Gehört-Werden, daß es etwas zu Hörendes gibt, das wir Musik nennen?

Gibt es Musik ohne hörendes Ohr? Musik an sich? Gäbe es sie überhaupt, wenn wir alle taub wären? Oder hören wir Musik gar nicht mit dem Ohr?

Was hört unser Ohr? Es hört ein Chaos von *sounds* aus dem uns umgebenden Energiefeld.

Ich brauche gar nicht an den »ohrenbetäubenden« Lärm der Großstädte zu erinnern. Auch in der Stille ist »Lärm«. Mein Haus liegt in einer sehr stillen Gegend. Es gibt Tage, an denen ich rein gar nichts höre. Wirklich nicht? Vor dreißig Jahren stellte der Ohrenarzt fest, daß ich ein Übergehör habe. Ich hörte, was andere nicht hörten. Heute habe ich diese Hörschärfe längst nicht mehr. Was höre ich nicht mehr, oder vielmehr: was höre ich, wenn ich meine, nichts zu hören?

Ich höre meinen Atem, ich höre alle Bewegungen in meinem physischen Leib. Aber was sonst? Ich nehme Gehirn-Schwingungen wahr, die sich als prä-existierende Gedanken erweisen, ehe sie Wortform annehmen. Ich höre also mit einem »inneren Ohr«. Mit diesem inneren Ohr höre ich alle Schwingungen, die in meinem seelisch-geistigen Frequenz-Bereich liegen. Ich höre *sounds* aller Art, aber Gott sei Dank nicht alle, denn alles Hörbare zu hören bedeutete, dem Wahnsinn zu verfallen. Ich höre das mir zu hören Erlaubte. Dazu gehört die Musik. Sie ge-hört mir, indem ich sie höre.

Aber ich bestehe auf meiner Frage: existiert Musik, weil wir sie hören? Entsteht sie in uns Hörern? Diese Frage erschreckt mich, denn sie weckt eine andere (beide treffen sich in dem Bereich der Mystik): existierte Gott, wenn es den Menschen nicht gäbe? »Im Anfang war das Wort«, und es war Gott. Das Wort ist Klang. Klang ist Schwingung. Schuf Gott (wer oder was immer das ist) das Universum, indem er sein eigenes Energiefeld in Schwingung versetzte, und schuf er sich dazu ein Wesen, das auf diese Schwingung eingestimmt war und also »Gottes Wort« zu hören imstande ist? Gab und gibt Gott sich als Klang zu erkennen?

Eines Morgens, im Aufwachen, hörte ich den Satz: »Gott ist Musik.« Ich kann nicht beschwören, ob der Halbtraum-Satz nicht vielmehr hieß: »Musik ist Gott.« Gleichviel: Es war eine Botschaft, die mir entscheidend wichtig war.

Im Wachen dachte ich weiter: Natürlich ist Gott Musik, denn Musik ist Schwingung, also dynamisch, alles fließt, »Statik« gibt es nicht, man steigt nicht zweimal in denselben Fluß, Gott ist die universelle Dynamik, und er ist die nur von ihm selbst zu hörende, weil von ihm erzeugte grenzenlose Fülle aller *sounds*, er ist das tönende Universum, und das ist: Leben. So dachte ich.

Wer je lange in tiefer Meditation bleibt, hört zunächst noch alle *sounds* seiner Umgebung, und es ist störender Tumult,

»wüst und leer«, und das Echo in seinem Innern, oder vielmehr: der Tumult in seinem Innern verhindert das Hören des Eigentlichen.
Das Eigentliche aber ist: die »Leere«, die reine Schwingung, auf die er sich einstimmt, wie ein Instrument auf den Musizierenden eingestimmt wird. Was er hört, ist die leere Fülle: klanglose Musik. Daß das, was er »hört«, Musik ist, fühlt er, denn er erfährt ihr Entstehen: die Milliarden *sounds*, die auf einen Menschen einströmen, ordnen sich, wie sich die Sandkörner auf einer Glasplatte zu Figuren ordnen, wenn die Platte leicht angestoßen wird. Dem Meditierenden ordnet sich die Welt in seinem Innern, wenn er die geheime Ursilbe OM ausspricht oder singt und beharrlich wiederholt. Sie schafft jene Leere, in die das Göttliche einzuströmen vermag.
Jedesmal wenn ich höre, wie ein Orchester vor Konzertbeginn sich einstimmt, erlebe ich die Augenblicke vor dem Einsetzen der Musik bereits als Musik. Das Klangchaos enthält die Musik. In der Pause der Stille ist schon die Musik anwesend. Die Musik ist schon »da«, ehe jemand sie hört. Die Komposition ist dann nichts anderes als geordnete *sound*-Fülle. Das Göttliche ist im Kommen, und schon wieder im Gehen. Gegönnt ist es uns nur für kurze Zeit, für eine zeitlose Zeit.
Ist es nicht widersinnig, Musik festhalten zu wollen auf Schallplatten und CDs?
Ist die festgehaltene Musik nicht tote Musik? Sie bedarf wiederum des Menschen, um sich selbst zu schaffen. Der Klang bedarf des Menschen, wie das Göttliche das Menschliche braucht. Das Göttliche interpretiert sich im Menschen. Da es selbst dynamisch ist, braucht es immer neue Interpretation, so wie alte Musik immer neue Interpreten

und neue »Ohren« braucht. Habe ich nicht gesagt, daß wir eine Zeit durchliefen, in der Musik, genau wie die Sprache, verzweifeltes Geschrei war? Der Lärm des Kampfes aller gegen alle? Wenig Zeit ist vergangen seit jenen Jahren, in denen Schönheit verboten war, wie das Sprechen über Bäume (Brecht). Und heute stehen auf den Musik-Bestseller-Listen CDs, die die meditative Stille und die *harmonia mundi* zu verkünden beginnen.
Wie aber ist das möglich in einer Zeit, in der Leben bedeutet: eine Katastrophe nach der andern erfahren und sich der Zerstörung ausgeliefert sehen? Kann da von einer auch nur angedeuteten Harmonie überhaupt noch die Rede sein? Und wo soll denn jener Göttliche sein, der uns jene Harmonie als unsre Rettung verspricht?
Nun: wer modernste Musik genau hört, wird merken, daß es sich dabei nicht um eine bloße Wiederbelebung schöner Tonalität handelt. Er wird selbst bei jenen Stücken, bei denen man sich in Tempel und Kathedralen versetzt fühlt, Risse und Sprünge bemerken. Wann und wo gab es die *harmonia mundi*? Gab es sie je?
Wieder kommt uns die moderne Physik zu Hilfe. Sie sagt, es gebe keine absolute Ur-Ordnung, aus der zuverlässige Gesetzlichkeiten abzuleiten wären. Nämlich: nichts im Universum sei ungetrübte Harmonie. Überall gebe es Abweichungen von scheinbar »ewigen« Gesetzen und göttlich-statischer Ordnung. Denn alles ist Leben, und Leben ist das Sich-Wandelnde schlechthin. Die Physik spricht von der »Un-Schärfe« aller Phänomene. Die Philosophie weiß, was die Theologie zu lernen sich überwinden muß: Gott ist Leben, also dynamisch, also wandelbar, und mit ihm wandelbar unser Verstehen des Göttlichen. Wir fühlen diese universelle »Unschärfe« freilich vorerst als tiefe Angst. Ge-

langen wir mit dieser Aussage nicht zu dem Punkt, den wir, von ganz andrer Seite herkommend, schon berührten: der Auftrag der Musik heute sei es, den Menschen den Mut zu geben, die Unschärfe zu ertragen und zu verstehen als wichtigstes Moment in der Evolution der Menschheit? Soll Musik uns nicht lehren, ja zu sagen zur heiligen Utopie der Hoffnung, ja zu sagen inmitten der kaum mehr erträglichen Tragik unseres irdischen Daseins? Muß Musik heute nicht das kreative Ja zu unsrer *condition humaine* sein? Schaffen wir uns mit diesem musikalischen Ja unseren rettenden Gott?

Zielt mein Morgentraum-Wort nicht auf die große Prophetie des Joachim von Fiore aus dem 12. Jahrhundert: die Prophetie von der Heraufkunft des Zeitalters des Heiligen Geistes, der letzten Phase der menschlichen Evolution? Ist das Finale der Menschheits-Geschichte nicht vielleicht die Auflösung aller quälenden Dissonanzen in der Musik und durch sie?

Ungewohntes Nichts-Tun. Immer, ein halbes Jahrhundert lang, konnte ich mir nicht guten Gewissens erlauben, einfach nichts zu tun. Immer gabs drängende Besuche, dringende Arbeit, wichtige Post, Reisen, lange Telefonate, Hausarbeit auch, und wenn ich einmal für eine Stunde im Garten lag, meldete sich mein Gewissen: du mußt doch ...

Und heute sitze ich am Schreibtisch und schaue. Ja, ich schaue. Ich schaue, als sähe ich zum ersten Mal: den stahlblauen, vom Nordwind reingefegten Himmel, die vom selben Wind geschüttelten Bäume, die zerwühlten Sträucher, die fliegenden Rosenblätter, die vorüberflitzenden Zugvögel, zu früh vom winterlichen Wind aufgescheucht. Und

ich, ich sitze im Auge des Zyklons: in der Stille. Ich lasse nur geschehen. Alles. Ich tue nichts. Nichts. Eine Form des Daseins, die sich mir sonst nur in der Meditation zeigt. Schön ist diese Stille mitten im Sturm.
Trotz Wetter-Katastrophen, trotz schlimmer politischer Nachrichten aus aller Welt, trotz Isang Yuns Sterben: ich fühle mich sonderbar geborgen in einer großen Hand.

Die Wiederholung. Länger als drei Monate war Stephan krank. Intensivstation nach der Darmoperation. Sepsis-Schläuche aller Dicke und Farbe angeschlossen. Tage des Bewußtseins, Tage des Dämmerns. Die schönen blonden lockigen Haare jetzt glatt angekämmt. Sonst keine Veränderung. Bisweilen spricht er und scheint ganz bei sich, auch bei den Besuchern. Die Ärzte voller Hoffnung. Sie lügen barmherzig. Einer nur, ein junger, sagt mir die Wahrheit, vielmehr: auf meine Frage nach möglicher Rettung schweigt er und schaut mich traurig an.
Ich weiß Bescheid. Ich habe in der Tasche ein Dokument, ausgeschrieben von Stephan zwei Jahre zuvor. (Spürte er so lange seinen Tod voraus?) Das Dokument, geschrieben bei vollem Bewußtsein: die Bitte, sein Leben nicht künstlich zu verlängern, wenn keine Aussicht auf Heilung besteht und wenn ein verlängertes Leben nur das eines Krüppels sein würde. Der Arzt sagt, er brauche kein Dokument, der Fall sei klar. Und nun das Warten. Täglich eine Stunde auf der Intensivstation, länger ist nicht erlaubt. Ich halte Stephans Hände, bin ganz gefühllos, verdränge alles, sitze nur da und beobachte die zwei oder drei Mitpatienten, todgeweiht auch sie. Ihre Angehörigen und ich werden zu Verwandten im Leid um unsre Leidenden, wir verständigen uns mit Blik-

ken. Ärzte und Schwestern kommen, tun ihre Pflicht, sind routinemäßig freundlich oder auch unwirsch, wenn sie übermüdet sind. Nach einer Stunde Besuchszeit schicken sie uns fort. Ich erlebe die Wochen wie betäubt.
Eine Schwester verliebt sich mit vielen Schmerzen in Stephan. Er hat noch als Sterbender seinen Charme, wenn er lächelt. Einmal küßt er mich, und noch einmal, dann wieder Bewußtlosigkeit.
Der letzte Nachtbesuch. Die Ärzte schicken mich heim. Ich kann nicht mehr. Adele kommt und geht. Auch sie kann nicht mehr. Christoph bleibt die Nacht über. Kaum ist er zu Hause, kommt der Anruf: »Es ist geschehen.«
Und ich war nicht bei ihm, um ihn über die Schwelle zu begleiten. Ich bin ganz starr. Christoph hilft mir, alles Nötige zu erledigen.
Wie konnte ich danach die Meditationstage in Weyarn ertragen, ja leiten? Ich weiß es nicht mehr. Von den Wochen danach weiß ich nichts mehr. Ich war krank, lag im Bett, B. und H. S. kamen, ich sah und hörte alles aus weiter Ferne.
Die Beerdigung in Wessobrunn. Die Freunde. Die übliche Kaffee-Einladung im Gasthaus. Wer hielt mich, wer redete da vernünftig aus mir? So vernünftig, daß einige Leute mich für gefühllos kalt hielten. Mein Gott ...
Noch nach einem Jahr ist mir das alles eine Un-Wirklichkeit.
Aber jetzt taucht alles wieder auf, da Isang, der Freund, ebenso hoffnungslos daliegt, ebenso durch Schläuche künstlich am Leben erhalten wird ... Warum läßt man ihn nicht »heim-gehen«, dahin, wo er will?
Das Problem der Euthanasie – ungelöst.

Morgen ist heute. Als ich ein Kind war und die Ausführung der Befehle meiner Mutter auf »ein anderes Mal« verschieben wollte, sagte sie: »Morgen morgen nur nicht heute sagen alle faulen Leute.«
Und später sagte mir ein geistiger Führer: »Was du nicht jetzt tust, kannst du nie mehr tun. Jetzt und hier wird dies von dir gefordert. Das NU ist dein Kairos. Hic et nunc hast du deine Aufgabe zu erfüllen. Dasselbe Angebot wird dir nicht zweimal gemacht. Du kannst nicht zweimal in den selben Fluß steigen.«
Ich habe mir angewöhnt, nach dem »hic et nunc« zu handeln. Ein Mensch braucht Hilfe. Dringend. Aber es ginge auch noch morgen. Nein, es geht nicht morgen. Vielleicht gibt es kein Morgen, weder für den Hilfesuchenden noch für mich noch für die Not und für unsere Kraft und Möglichkeit zu helfen. Also: jetzt und hier. Sofort.
Sofort das erbetene Telefongespräch, der erflehte Brief, die Geldsendung, der Besuch im Krankenhaus. Morgen ist nicht morgen. Es gibt kein »Morgen«. Es gibt immer nur das Jetzt-und-Hier.

Allerheiligen 1995. Das Wetter ist schön genug, einen Spaziergang zu wagen. Meine kleine Straße abwärts. Streckenweise frisch asphaltiert, aber an einigen Stellen schon wieder brüchig. Das Gebüsch rechts und links struppig verwildert. Aber schon wieder zwei neue Häuser im Bau. Wenigstens sind sie nur einstöckig und nicht gerade häßlich. Als ich vor einem Vierteljahrhundert hier ankam, gabs an der ganzen Straße einige kleine Häuser, nicht zum Wohnen, sondern zum Abstellen der Geräte für die Weinberge. Wo sind die Weinberge? Wo die so charakteristischen kleinen Steinhäuser? Und wo kann ich zur via di Frascati durchkommen? Alles verbaut, alles verzäunt. Gitter mit eisernen Spitzen. Alles schreit mich an: »Weg du! Dies ist mein Land. Das meine! Wage nicht zu versuchen, hier durchzubrechen.« Mein, mein, mein. Das ists, was gilt. Auch ich habe mein Land eingezäunt. Wenigstens können die Nachbarn durchgehen. Aber dennoch: es ist MEIN Land. Alles ist Privatbesitz. Ist die Erde etwas, das man privat besitzen kann? Etwas, das den zum Feind macht, der da sich einen Trampelpfad machen möchte, so wie ich es versuche: Gleich kamen zwei Wächter-Hunde, um mich zu verbellen, und ein Mann, der sagte, hier sei kein Weg. Nein, hier gibt es keinen Weg, das ist wahr. Eiserne Zäune, eiserne Meinungen, eiserne Sünden. Gäbe es doch einen Kollektiv-Besitz. Gäbe es doch einen guten Kommunismus. Warum entartet unter unsern Händen das Beste zum Schlechten? Bis ins Innerste voll von Trauer gehe ich heim.

Allerseelenabend. Wer mich jetzt sitzen sähe: im warmen Zimmer, die Katze schlafend unterm Schreibtisch, einige Blätter, heute geschrieben, vor mir: ein Bild des Friedens oder wenigstens der Zufriedenheit.

Draußen frühe trübe Dunkelheit. Überm Meer ein Gewitter. Lange Blitze quer über dem schiefergrauen Himmel. Am Vormittag mit Attilio und Leandro auf dem Friedhof von Rocca di Papa, für Gina (voriges Jahr gestorben) große goldene Chrysanthemen gebracht. Trostlos die Gräber: in die Mauern eingelassene Kästen. Mit Zement verschlossen. Wie schön dagegen unsre deutschen Grabhügel. Flüchtiger Gedanke: was für eine leichte Auferstehung durch die lokkere Erde, und wie schwer dagegen, die Zementmauer zu

durchbrechen. Törichte Gedanken, ich weiß, aber sie sind eben da. Sie sind da wie die Dämonen der Finsternis an diesem Abend, der »allen Seelen« gehört. Streifen die Seelen um die Häuser ihrer Lieben? Fühle ich fremde Wesenheiten? Was wollen sie von mir? Das Nicht-Vergessen. Ist es das? Ich vergesse sie nicht, oh nein, ich lasse sie ein, ich lasse sie zu meinem Herzen vordringen. Auch wenn ihr Zugriff wehtut.
Mir wird kühl. Das Gespräch mit den Toten macht kalt.
Bin ich schon unter ihnen und weiß es nur noch nicht? Das Bild des Friedens, das ich biete: wie es täuscht. Ich bin von alten und neuen Schmerzen zerrissen. Ich bin den »Toten«, den Nicht-Toten, ausgeliefert. Ich bin ausgesetzt am Kap der äußersten Trostlosigkeit.

Während der Meditationstage nach Stephans Fortgang hatte ich bei vollem Bewußtsein und mit offenen Augen eine Erscheinung: das Himmelsgewölbe halbiert, die obere Hälfte auf der Erde aufliegend, blau, ein wunderbares dunkles Blau, und unzählige Sterne, die aber große Kristalltropfen sind, aufgehängt an silbernen Fäden am blauen Gewölbe; mitten durchs Gewölbe eine schmale, nach links oben verlaufende Straße, eine Lichtstraße, und auf dieser Straße eine Lichtgestalt, noch als Mensch erkennbar, aber schon sich auflösend in pures Licht, entmaterialisiert, es ist Stephan, der nach oben fliegt, und im Aufsteigen berührt er die Kristalltropfen-Sterne, die einen Glockenton geben, und so wird die dunkelblaue Hemisphäre erfüllt von Klängen wie von vielen Glockenspielen. Sphären-Musik.
Stephan, du bist in deinem Reich. Wie ein märchengläubi-

ges Kind bin ich sicher, daß du in jenem unendlichen Orchester deine geliebte Flöte spielst.
Eben, 3. November 1995, ein Telefongespräch mit B. S. Er erinnert mich an den November vorigen Jahres, als ich verzweifelt die polnische Madonna von Jasna Gora anrief und ihr versprach, in Weyarn eine kleine Kapelle zu bauen, wenn sie ... Aber ich sagte (berichtet mir B. jetzt), daß es nicht wichtig sei, ob die Madonna ein Wunder bewirke oder nicht, sie sollte, so oder so, ihre Kapelle bekommen zum Andenken an Stephan. Nun: kein Wunder, kein sichtbares, geschah, aber die kleine Kapelle steht da, von polnischen Arbeitern gebaut, holzgeschnitzt, und bereit zur Aufnahme einer Kopie der Madonna von Tschenstochau, von jenem Bild, das mir vor Jahren dort so tiefen Eindruck machte. Ich werde in Weyarn sein zur Feier. Die Madonna der Polen ... Die Madonna, die meinen Stephan nicht am Leben hielt ... Die Madonna, der ichs nicht übelnahm, daß sie meinen Stephan sterben ließ ... Die Madonna, die ihn heimholte ins Ewig-Weibliche, ins Ewig-Mütterliche. Die Madonna, die uns alle zurücknimmt in ihren Schoß.

3. November 1995. Jongs Anruf aus Berlin: »Es ist geschehen.« Die gleichen Worte, mit denen Stephans Arzt dessen Tod mitteilte, ein Jahr vorher. Jetzt ists Isang Yun. »Es ist geschehen ...« Jesus am Kreuz: »Es ist vollbracht.«
Isangs Tochter sagt, der Vater sei still eingeschlafen, während es schneite und schneite und schneite. Sanftes Sterben. Ja, das wohl. Aber auch wie viele Leiden vorher.
Wie grausam wahr zeigte sich der Traum, den Isangs Mutter hatte während der Schwangerschaft: ein großer leben-

der Drachen am koreanischen Himmel, er flog sehr hoch, erreichte aber den heiligen Berg Jiri nicht, denn er war an der Seite verwundet.
So war sein Leben: berühmt, geliebt, doch nie gesund, seitdem er als angeblicher Kommunist in Südkorea eingekerkert war für zweieinhalb Jahre. Gefoltert auch, halb verhungert im eiskalten Gefängnis, ohne Hoffnung auf Freilassung. Ihm blieb die Anfälligkeit für Krankheiten aller Art. Vor allem die Lunge blieb krank: Tbc. Später kamen zwei Herzinfarkte dazu. Und immer der politische Schmerz um die Trennung seiner Heimat in Süd- und Nordkorea. Er gab seine Kraft und sein Geld dahin, um die Wiedervereinigung zu erreichen. Der verwundete Drache: er hat die Höhe des heiligen Bergs nicht erreicht.
Noch im letzten Jahr schrieb er zwei Stücke, die ihre Premiere in Holland hatten.
Ich sah ihn im September. Er saß im Lehnstuhl, todkrank schon, aber lebhaft interessiert an der aktuellen Politik.
Und sein Gebet zu Buddha: Laß mich erkennen, wer ich bin. Jetzt weiß er.

4. November 1995. Die Katastrophen-Nachricht: ein fanatischer fundamentalistischer israelischer Student hat den Ministerpräsidenten Rabin erschossen.
Mein kalter Schrecken. Wie damals beim Tod Sadats.
Christoph, mit dem ich telefoniere wie immer, wenn derlei Katastrophen geschehen, sagt: Vielleicht ists gut, daß die nicht-fundamentalistischen Israelis jetzt noch stärker nach Frieden drängen, weil das Problem sich so aufs Äußerste zugespitzt hat.
Das Gute an der schlimmen Sache: es war kein Palästinen-

ser, der schoß. Ich warte auf die Nachricht von der Reaktion Arafats und der arabischen Welt.
Ich erinnere mich der Hellseherin Helma P., die 1952 sagte, sie sehe Feuer vom Himmel fallen aufs »Heilige Land«. Keine Ruhe wird dort werden, aber es könne doch wirkliches Feuer sein: Bomben, zum Beispiel. Oder eine andere Art von Katastrophe.
Ich versuche ein Gespräch mit dem Juden Jeshua (Jesus). Es ist dein Vater- und Mutterland, sage ich; und du kannst es doch nicht verflucht haben zu ewiger Unruhe.
Mir kommt ein ganz fremder Gedanke: der göttliche Zorn des »Vaters«. Das ist alttestamentarisch jüdisch gedacht: Zorn und Rache an den Mördern des Gottgesandten.
Nein, das ist ein unwürdiger, ein falscher Gedanke. Weg damit. Nur eben: er ist DA. Und auch der andre: Rabbi, du bist in diesem Land geboren und gestorben, es ist DEIN Land, schaff doch Frieden dort. Ich finde, die ich sonst nicht »bete«, mich überrascht im Gebet für Israel und für die Palästinenser.

Wie viele solcher Schreckenstage noch? »Selig die Friedensstifter.« Ja, aber auf Erden werden sie ermordet, eben weil sie Frieden schaffen wollten: Rabin in Israel, Sadat in Ägypten, Martin Luther King in den USA, Dag Hammarskjöld in Dänemark, Rosa Luxemburg in Deutschland, Charles de Foucauld in Afrika und Jeshua in Israel (Palästina damals), er auch. Und die vielen christlichen Missionare in aller Welt. Wofür starben sie? Brachten sie Frieden? Bittere Gedanken. Versuchung zur Verzweiflung.
Und doch ...
Was: und doch?

Es sind Schritte hin zum Frieden.
Was sagt Mephistopheles im ›Faust‹ auf die Frage, wer er sei? »Ein Teil von jener Kraft, die stets das Böse will und stets das Gute schafft.«
Das Rätselwort.
Ich hole mir den ›Faust‹ und finde auch gleich, was ich suche: das schreckliche Wort des Mephistopheles:
»Ich bin der Geist, der stets verneint!
Und das mit Recht; denn alles, was entsteht,
Ist wert, daß es zugrunde geht.
Drum besser wärs, daß nichts entstünde ...«
Heute bin ich stark versucht, ihm zuzustimmen. Aber ein paar Zeilen später finde ich Fausts Replik:
»Du kannst im Großen nichts vernichten,
Und fängst es nun im Kleinen an.«
»Im Kleinen«, zum Beispiel bei kleinen Ländern, kleinen Politikern, kleinen Leuten aller Art ... Und auch bei mir.
Ich spüre den Ernst der Versuchung, denn ich fühle mich müde. Dieser Tod in Israel lähmt mich. Ich habe große Mühe, meinen Todeswunsch zu überwinden. Und ich bin nicht der einzige Mensch, dem die Verzweiflung am Herzen nagt.
Unter all den Telefonaten, die mich erreichen, sind es nur drei, die dem Teufel widerstehen: meine Freundin R. M. M., die Astrologin, die ihr Sternen-Wissen aufs schönste verbindet mit ihrem christlichen Gott-Vertrauen, und B. S., der sich die Rückwärts-Schau verbietet, genau wie J. S., der mir den Kopf nach vorne dreht: Schau vorwärts!
Nun gut. Für heute lasse ich mich retten.
Und eben las ich im ›Faust‹ die Szene »Wald und Höhle«.
Der Spott des Mephistopheles:

»Wo so ein Köpfchen keinen Ausgang sieht,
Stellt er sich gleich das Ende vor.«
Nun denn: ich lebe weiter, ohne zu wissen, ja ohne zu fragen, wozu ich lebe. Ich lebe. Genügt das nicht?

Kreuz hinaus, Kreuz bleibt ... Kreuzzug heute. Was für ein absurder, anachronistischer Kulturkampf im Kleinen. Als ob die »Christlichkeit« einer Schule davon abhinge, ob da ein Kreuz an der Wand hängt oder nicht. Aber darum gehts den christlichen Herren ja gar nicht, es geht ums Rechthaben. Wären sie wirklich christlich, wären sie tolerant und anerkennten die Religion »der andern«.
Habe ich das nicht schon einmal erlebt: »Die Kreuze müssen aus den Schulen entfernt werden!« Das war unter Hitler. In Bayern blieben sie hängen, in Westfalen auch (dort regierte der mächtige Kardinal Galen). Auf die Affäre der Kreuze im Hitler-Reich berufen sich die heutigen Verfechter der Kreuze, und das ist demagogisch klug, wenn auch die Motive heute ganz andre sind. Damals wars wirklich gegen alle Zeichen des Christentums gerichtet; heute heißt die Frage, ob nicht auch die Embleme andrer Religionen in den Schulen hängen dürfen, da doch in diese Schulen nicht nur getaufte Christenkinder gehen, sondern die rechtmäßig eingebürgerten kleinen Muslime und Juden. Warum sollen Kinder, die im Islam und im jüdischen Glauben aufwachsen, das christliche Kreuz als einzig gültiges religiöses Zeichen betrachten und dulden? Welche Präpotenz der Christen. Welche Intoleranz. Welcher Haß auf alles »Fremde«. Und das im Namen des all-liebenden Gottes.
Es geht nicht um Religion, es geht um Politik, es ist eine bösartig getarnte Form von Fremdenhaß.

Und die Christenkinder, deren Emblem, das Kreuz, laut Gesetz siegt – werden sie deshalb Christen? Würden sie nicht bessere Christen, fände man eine »christliche« Lösung: neben dem Kreuz der Davidsstern und der türkisch-islamische Halbmond. Drei Zeichen des Glaubens, der Hoffnung, der Liebe. Es müßte einen »Nathan den Weisen« als obersten Richter in Karlsruhe geben. Drei Ringe, sagte Nathan, sind EINER, von EINEM Vater den Söhnen gegeben.
Religiöse Embleme, Flaggen als Kriegszeichen. Seit jeher: so zogen die Christen des frühen Mittelalters in ihren Kampf gegen den Islam. »Kreuz-Züge«. Dafür also ist der Friedensfürst gestorben am Galgen?
Und wie war das vor einigen Jahren im katholischen Spanien? Da gabs doch die *guerra de las banderas*. Ein Zeitungsfoto: ein Sarg, mit einer baskischen Flagge bedeckt. Oder gings um zwei ETA-Männer? Nun: jedenfalls einer war mit seiner Bombe (die er den Zentral-Spaniern zugedacht hatte) in die Luft geflogen. An der sargbedeckenden Flagge entzündete sich eine Art Bürgerkrieg. Die ETA-Leute verlangten, daß nur ihre Flagge auf dem Sarg liege und an den öffentlichen Plätzen gehißt würde. Das konnten die Vertreter der spanischen (Madrider) Zentralregierung nicht erlauben. Die Basken verlangten ihre Fahne, nur sie sollte gehißt werden. Und die ETA-Leute hielten die ihre für die einzig zuständige. Was tun, ehe wirklich ein Bürgerkrieg entbrannte? Der Provinzgouverneur (der Zentralregierung) war sehr weise: er verbot jegliches Fahnenhissen, was ihm nicht als Weisheit, sondern als Feigheit angerechnet wurde. Fahnen haben die Kraft religiöser Überzeugungen. Wars nicht so mit »Hammer und Sichel« contra Hitler-»Hakenkreuz«? Wer eine Fahne bespuckt, zeigt (pars pro toto) seinen Feindeshaß. Was für Steinzeit-Barbaren

sind wir doch immer noch. Da helfen auch die christlichen Kreuze in den Schulen nicht.
Was empfinden eigentlich jüdische Kinder beim Anblick des offiziell aufgehängten Kreuzes mit dem gehenkten Juden Jesus?

Die Einsame. Die vielen Einsamen. München, Café K. Nachmittag. Die meisten Tische besetzt, aber kein Grund, daß jemand sich zu mir setzen müßte, als gäbe es keine andern freien Plätze. Eine Frau schaut suchend durchs Café und geht dann rasch entschlossen auf meinen Tisch zu. Ob sie sich zu mir setzen darf. Kennt sie mich? Sie weiß bis heute nicht, wem sie ihr Herz ausgeschüttet hat. Das tat sie alsbald.
Eine Frau, der es scheinbar an nichts fehlt. Sie ist (das erfahre ich bald) siebzig, sieht jünger aus, ist noch hübsch, sehr gut gekleidet, und mit Hut, modisch. Ich schätze: ehemals Beamtin in höherer Stellung. Zwei Eheringe, also Witwe. Sie will reden. Mit irgendwem. Sie muß reden. Ich helfe ihr, ich bringe sie zum Reden: über die Kälte, über das Glatteis, über die Preise, über das bevorstehende Weihnachten. Das ist es: sie hat Angst davor, sie ist allein, ihr Mann ist vor zwei Jahren gestorben, vom Sohn ist nur am Rande die Rede, er ist irgendwo, weit weg. Was also tun an Weihnachten? Hat sie keine Verwandten, keine Freunde, zu denen sie gehen oder die sie einladen kann? Sie zuckt die Achseln. Sie wird am Heiligabend ganz früh zu Bett gehen, vorher starken Wein trinken, so wirds schon gehen. Ob sie nicht zu den Obdachlosen nach St. Lucas gehen kann?
Nein, so etwas liegt ihr nicht. Derlei ist ihr unmöglich. Alles ist ihr unmöglich, sie weiß nicht was tun, sie sieht nichts

vor sich als das graue einsame Altern. Aber sie ist doch noch vital, sie hat noch Kräfte, die sie einsetzen kann. Ich gebe ihr eine Adresse, an die sie sich wenden kann, in St. Bonifaz kümmert man sich um Alte und Obdachlose ... Sie steckt den Zettel ein. Sie wird nicht hingehen. Sie wird gar nichts tun. Sie wird scheintot weiterleben. Und so wie sie leben Tausende von Frauen im Alter. Und die Erde braucht Mütter! Wieviel weibliche Kraft wird vergeudet! Man schüttet Wasser in den Wüstensand.

Die Sorge für die wohlhabenden, alternden, aber noch vitalen Frauen ist eine Lücke in unserem sozialen, kulturellen und auch spirituellen Leben.

Was tat eigentlich Mirjam, die Mutter Jeshuas, nach seinem Tod und nach dem ihres Mannes Jusuf (Joseph)? Ich bin sicher, sie arbeitete im Sinne ihres Sohnes. Sie saß nicht verbittert traurig da, obgleich sie Grund dafür gehabt hätte; man hat ihr den Sohn wie einen Verbrecher gehenkt. Sie stand unter dem Galgen, bis er starb. Dann arbeitete sie für die Jünger ihres Sohnes und glaubte an die Zukunft, und sie wurde zur Ewigen Mutter, die sie immer schon war.

Die Frau im Café K., sie läßt ihre Weiblichkeit, diese starke Kraft, verdorren. Ob ihr Gespräch mit mir sie ein wenig, ein klein wenig, aufgerüttelt hat?

Versäumnis. An der Straßenecke ein Mann, etwa fünfzig, unsicher auf seinen breit gespreizten Beinen, eine halbleere Schnapsflasche in der linken Hand. Als er mich sah, streckte er mir die Flasche entgegen. »Da du trinken.« Und er küßte mir die Hand. »Ein Pole«, dachte ich, und war ihm schon zugeneigt. Er hielt mir die Flasche näher: »Du trinken!« Es klang bittend. Ich sagte: »Ich trinke keinen

Schnaps.« Er hörte nur das Nein zu seinem Angebot. Ich gab ihm wenigstens meine Hand und dankte, und ging weiter.
Was hätte ich tun sollen? Ich weiß es: ich hätte mich mit ihm an den Straßenrand setzen sollen, meinen Arm um ihn legen, mit ihm aus der selben Flasche trinken.
Jeshua, der Meister, hätte es getan. Sankt Franziskus auch.
Ich aber ging weiter.

Wieder einmal ein Anlauf zum Frieden. (Gefunden in einer Biographie Daumiers.)
31. März 1814. Zar Alexander ließ »im Namen aller verbündeten Mächte« in Paris an allen Mauern anschlagen: »Dank und Preis dem allmächtigen Gott. Europas Freiheit, die Ruhe der Welt ist gesichert.«
Napoleon, der große Störenfried, war endgültig besiegt.
Dazu ein Wort Baudelaires. »Der wird der Maler sein, der uns wird sehen und begreifen lassen, wie sehr groß und poetisch wir in unseren Krawatten und Lackstiefeln sind.«
Der Maler, der (als einer der ersten Naturalisten) die politische Karikatur kreiert hat, ist Daumier. Ich schaue seine Zeichnungen mit bitterem Entzücken an. Wie stimmt sein (nicht karikierender) Hohn aufs honette Bürgertum noch heute.
Eine seiner Lithographien: eine plumpe Kanone, und dahinter ein Herr im weiten Mantel mit Sense, der Tod; er schaut durch die Kanone wie durch ein Fernrohr; Bild-Unterschrift: »Wann kommt der nächste Krieg?«

In einem philosophischen Rundgespräch. Wir sitzen behaglich beisammen ... Behaglich: ein Wort, das ich nicht leiden kann. Das Bild: gutes Bürgertum in der guten Stube, so recht zufrieden mit sich, mit dem Geleisteten, mit der erworbenen oder geschenkten Sicherheit. Darf man's nicht leben, dieses Behagen? Ich kenne es nicht. Man belehrt mich, daß man es haben dürfe und auch brauche. Man komme heim von der stressigen Arbeit, vom Lärm der Stadt, von den Ansprüchen der Mitarbeiter, und nun mache man sichs behaglich in der Couch-Ecke vor dem Fernseher, mit einem Glas Wein ... Ja, doch, das ist erlaubt. »Liebe dich selbst, wie du deinen Nächsten liebst.« Gewiß. Mir ists nicht gegeben. In meiner behaglichen Stadtwohnung sitzen die Geist-Seelen von hundert, von tausend Frauen: alt, krank, verlassen, einsam. Die Männer sind gestorben, die Söhne und Töchter haben ihr eigenes Leben, sind weit fort, oder haben einen eiligen Pflichtbesuch bei der alten langweiligen Mutter hinter sich gebracht, ein paar Geschenke zurückgelassen. »Laß dirs gut gehen, Mutter! Hast du alles, was du brauchst?« Ja, freilich, geht nur, viel Vergnügen! Und dann die Leere. Niemand mehr kommt.

Am besten, man geht ins Bett. Eine Schlaftablette, ein Glas Wein. Und die grenzenlose Einsamkeit, die ungeheuerliche Verlassenheit. Das Döschen mit den Schlaftabletten griffnah ... Keine Träume mehr. Trocken der Schoß, trocken die Augen, trocken das Herz, vertrocknet die Nabelschnur zum mütterlichen Leib des Lebens. Und Gott, wer ist das? Ein totes Wort. Wozu weiterleben ...

Und ich soll mich behaglich fühlen inmitten der andrängenden Schatten? Ich kann nicht ihr Los auf mich nehmen, aber ich kann mich öffnen für ihr Leid. Ich kann Gefühle

der Liebe verstrahlen gezielt hierhin, dorthin, ins Unbekannte.
Sentimentalität? Nein, doch nicht, denn das Mitgefühl tut konkret weh, und so ists recht. Die anderen, die Leidenden: die tiefe Störung, die Verstörung meiner Weihnachts-Stimmung.
Warum eigentlich das fröhliche Fest? Jene arme Familie in Bethlehem fror im Schafstall. Ach, diese seltsame Verdrängung der Armut jener Familie und der Millionen Familien in der Welt.

Dornen. N. beklagt sich bei mir über ihre Familie. »Die ist schuld an meinem Unglück ...« Ich höre mir ihre Geschichte an. Natürlich sind die andern schuldig ... Ich gebe ihr einen Spruch mit zum Meditieren. Er stammt aus Afrika.
»Nicht der Dorn verwundet dich – du selbst verletzt dich an den Dornen.«

Verhängnisvolle Verwechslung. München. Deutscher Winter, Schnee auf meiner Terrasse, warme Zimmer, Essen im Kühlschrank, liebevolle Telefon-Anrufe, kein zwingender Grund, auf Schnee und Glatteis zu gehen, klassische Musik im Radio, keine Krankheit, kein Unheil ... Ich könnte rundherum zufrieden sein in aller Behaglichkeit. Weihnachts-Frieden.
Frieden? Nur weils mir vergleichsweise zur Zeit gut geht. Das soll Frieden sein? Das ist nichts als privates Behagen. Purer Egoismus. Ich nehme mich heraus aus dem Elend der Welt. Ich fliehe auf eine stille Insel, wo mich die Not der Welt nicht erreicht. Ich meditiere, ich gleite ins Nicht-Wis-

sen. Plötzlich ein scharfer Gedanke: »Und eben sterben verhungerte Kinder, eben werden Frauen vergewaltigt, eben erschießen sich Soldaten, eben erhängen sich Männer an Fensterkreuzen in Gefängnissen, eben kommen Mißgeburten zur Welt, eben greifen verzweifelte Jugendliche zur Todesdroge ...«

Der esoterische Psychotherapeut (nicht der meine, ich habe keinen) sagt, dieses Mitgefühl sei unnütz und entspringe egoistischen Motiven und diene dazu, einem ein gutes (soziales) Gewissen zu verschaffen, und gehöre der rein irdischen Ebene an, während es doch um die andre gehe, die höhere, die spirituelle. Ja, schon, schon. Ich weiß. Habe ich nicht selbst geschrieben, daß große Mystiker auch auf dem irdischen Boden standen und sogar Politiker waren: Anwar Sadat, Martin Luther King, Dag Hammarskjöld, Mahatma Gandhi, und die Frauen Teresa von Avila und (was kaum jemand weiß) Rosa Luxemburg. Und ist der Dalai Lama nicht Politiker und zugleich Mystiker?

Alle, die ich nannte, waren und sind große Liebende.

Hatten sie Frieden? Ich weiß es nicht. Frieden vielleicht im Bewußtsein, andern zu dienen und damit dem Welt-Frieden und, weiter gedacht, der »Welt-Seele«, dem, den wir Gott nennen. Ich bin nicht so weit; ich fühle Schmerz mit den Leidenden, Unruhe mit den Unruhigen ...

Ja, eben! sagt der Therapeut; mit Ihrem Mitgefühl, Ihrer Unruhe vermehren Sie nur Schmerz und Unruhe der Welt.

Also gibt es zu lernen, was ein guter Therapeut können muß: den Leidenden zum inneren Frieden zu verhelfen, ohne sich mit ihnen zu identifizieren. Per Distanz und mit Hilfe der erlernten Psycho-Techniken. Ich sage trotzig: Jaja, der Chirurg fühlt ja auch nicht die Angst des Patienten

und nicht die nach-operativen Schmerzen; er schneidet, so gut er kann.
Ja, eben, sagt der Therapeut, und genau damit hilft er dem Kranken; je ruhiger seine Hand, desto besser operiert er, und seine Hand ist um so ruhiger, je ruhiger er im Innern ist und je mehr Vertrauen er hat.
Das stimmt. Unwiderlegbar.
Als Jesus ans Grab seines Freundes Lazarus kam, weinte er, denn er litt die Leiden der Schwestern des Toten. Und er weinte über Jerusalem. Und er litt alle unsre Schmerzen, er litt sie als Mensch. Ohne Distanz. Ohne Meditationspraxis. Oder wars anders? Er legte alles in die Hände der göttlichen Macht. War es so? Ists so einfach?

Dezember 1995. Ich fand ein Blatt mit einer flüchtig hingeworfenen Notiz. Was für eine Bitterkeit, mir ganz fremd. Freilich: es war nach der Krankheit meines Sohnes, das wohl. Aber soviel scharfe Bitterkeit ...
»Das Leben ist der Betrug Gottes an den Geschöpfen. Lebt! sagt er und tut so, als gebe er damit etwas Großes. Was aber gibt er denn? Eine traurige Kindheit, eine schmerzhafte Pubertät, unerfüllte Versprechen, leere Hoffnungen, Krankheiten, Ängste, Kriege überall, Todesgefahren, Freunde, die dahingehen, das Alter ... Und das soll Gottes Geschenk sein – ein Geschenk, für das man danken soll und das man nicht hinwerfen darf im Selbstmord? Wir sind Isaak, den sein Vater opfern soll auf dem Altar. Jahwe fällt dem gehorsamen Abraham in den Arm, im letzten Augenblick: er will kein Menschenopfer. Was will er? Den Gehorsam. Als ob Abraham nicht den Tod seines Sohnes vorausgelitten hätte! Als ob seine Angst vor Jahwes Befehl nicht schon selbst

tödlich war! Wer aber fällt dem mörderischen Leben in den Arm?«

Das schrieb ich damals, in einer dunklen Zeit. Es ist gut, daß ich solche Zeiten kenne. Wie anders könnte ich sonst meine Leser verstehen, wenn sie mir von ihrer Verzweiflung schreiben? Ich leide stellvertretend mit ihnen. Gut so.

Es gab noch ärgere Zeiten für mich: wenn ich nicht mehr mit Gott haderte, sondern verstummte und im Abgrund des Nichts lebte.

1996

Brot für viele. München. Es schneit, es friert. Die Kanal-Enten kommen an Land, und die Möwen vom Olympiagelände kommen, und ein paar Krähen auch, alle sammeln sich auf dem freien Platz neben den Kanalbrücken. Viele. Hunderte wohl. Ich bringe ihnen Brotreste. Sie sehen mich kommen. Ein wildes Geflatter. Ich streue Brotbröckchen. Ach, es ist viel zu wenig, was ich bringe; sie sind so viele. Ich spüre einen scharfen Schmerz. Ich bitte um Verzeihung für meine Ohnmacht. »Mach Brot aus diesen Steinen ...« Und ER hats nicht getan. Jaja, ich weiß schon, was er damit zeigen wollte: »Der Mensch lebt nicht vom Brot allein.« Aber er kann nicht leben ohne Brot. Aber die Kinder in der Dritten Welt ... Ich laufe weg. Ich flüchte vor dem unerfüllbaren Anspruch. »Morgen komme ich wieder«, sage ich im Weglaufen. Morgen werde ich wieder zu wenig haben. Nie habe ich genug Brot, nie genug Liebe.

Engel heute. Auf den Stufen der Theatinerkirche sitzend ein Mann. Kein Bettler. Keine aufgehaltene Hand, kein Körbchen mit kleinen Münzen. Und doch ... Aber was denn war er? Ich suchte in meiner Tasche nach einer Münze, fand keine, hatte alles schon ausgegeben. Im Zentrum der Stadt gibts viele »Bettler«. Der Mann schaute mir bei meiner Suche still zu. Schon wollte ichs aufgeben, da fand ich doch noch eine Münze. Ich gab sie ihm. Ein kleines Gespräch über die Kälte und sein Sitzen auf den Steinstufen. Ein Asylant? Nein? Ein Obdachloser? Ja, das wohl. Arbeitslos? Ja, das auch. Seine Antworten ganz ohne Selbstmitleid, als spräche er von andern. In diesen Augenblicken gingen, wie immer in diesen Nachmittags-Einkaufsstunden, viele gute Bürger vorbei. Viele Pelzmäntel, Krokodilledertaschen, teure Schuhe. »Die Reichen ...« Einige warfen dem Mann eine Münze zu. Ohne Teilnahme. In mir stieg der große Zorn auf. Ich war nahe daran, den Leuten entgegenzustürzen und zu schreien: »Ist das alles, was ihr zu geben habt? Eine Münze? Kein Mitgefühl, keine Solidarität, keine Scham? Mit der lächerlichen Münze habt ihr eure Pflicht erfüllt, euer Gewissen entlastet, nicht wahr?«

Ich schrie nicht. Ich sagte es aber »meinem« Bettler. Er lächelte. »So sind sie eben.« Und dann die verblüffende Feststellung: »Ich kenne Sie. Sie sind Schriftstellerin. Sie sind L. R.«

Vage Erklärung: in der Schule habe er etwas von mir gelesen. Ich sagte ihm, daß ich eine Woche später eine Lesung haben würde in St. Bonifaz, und ich lud ihn ein zu kommen, ohne Eintritt zu zahlen.

Er kam, rasiert, sauber, gut aussehend. Und am Schluß reichte er mir einen großen Blumenstrauß: viele weiße Rosen mit einer Art Margariten gemischt. Ein wunderschöner Strauß. Schenken Bettler Rosen?

Er gab mir seine Adresse, er schrieb sie in einer Schrift, die schwer leserlich ist. Können Engel deutsch schreiben? Wie wirds weitergehen?

Zwei Monate später: meine Karte an ihn kam zurück. »Unbekannt.« Ich suchte ihn in der Stadt. Er bleibt verschwunden.

In memoriam Stephani. Mein Sohn, er war ein guter Mensch. Er tat Gutes, das zu tun ich nicht fähig war. Einmal brachte er ein paar »Stadtstreicher« (wie man sie damals nannte) mit in die Wohnung und machte ihnen ein Weihnachts-Essen. Ein andermal brachte er einen Halbgelähmten mit, den er in einem Schwabinger Beisel kennengelernt hatte. Der Mann war dreckig und stank nach Urin. Stephan trank mit ihm und fragte ihn dann: »Sag mal, wer bringt dich denn aufs Klo?« Der Mann sagte: »Manchmal tuts einer.« »Und wer wäscht dich?« »Niemand.« Da packte Stephan ihn samt Rollstuhl in sein Auto und nahm ihn mit sich in unsere Wohnung. (Ich war in Rocca.) Wie er ihn über die Treppen hochbrachte, weiß ich nicht, ich nehme an, er trug ihn. Und dann setzte er ihn in die Badewanne und schrubbte ihm den alten Schmutz ab, und dann kleidete er ihn frisch ein mit seinen eigenen Sachen.

Als er es mir so beiläufig erzählte (von seinen vielen guten Taten erfuhr ich sonst von anderen), war mir ehrlich gesagt nicht wohl. Wenn der Mann nun krank war? Mich ekelte vor meiner Badewanne, auch wenn Stephan sie blitzsauber geputzt hatte. Dennoch ... Ich dachte an Caterina von Siena, die die eitrigen Wunden Kranker küßte, und ich dachte an Franziskus von Assisi, der einen Leprakranken umarmte. Ich kann das nicht. (Bei den Leprakranken in Indonesien konnte ich es.) Stephan konnte dergleichen mit aller Selbstverständlichkeit. Wie ich um ihn trauere. Ich habe ihn so geliebt und es ihm zu wenig gezeigt. Immer zeigt man seine Liebe zu wenig. Immer weiß man das zu spät. Ists nachzuholen? Andern gegenüber, ja doch.

Was ist Wahrheit. Uralte Frage. DIE Frage. Beginn aller Philosophie. Ursache vieler Kämpfe und blutiger Kriege. Aber was ist denn das, wonach da so beharrlich und verzweifelt gefragt wird?
Wir kennen die Frage als »Pilatus-Frage« aus dem Johannes-Evangelium. Man hatte Jeshua (Jesus) gefangen und vor den römischen Statthalter in Judäa geführt. Die Anklage: dieser Jude Jeshua behauptet, König der Juden zu sein. Welches Mißverständnis. Jeshuas Reich ist das Reich des Geistes, unbegrenzt. Pilatus aber meint es wörtlich und wiederholt seine Frage: bist du also doch ein König? Jeshuas Antwort: ich bin gekommen, Zeugnis von der Wahrheit zu geben. Pilatus, skeptischer Römer, zuckt die Achseln. Was für ein jüdisch-spiritueller Unsinn. »Wahrheit?« Pilatus weiß keine Antwort und läßt die Sache auf sich beruhen. Die Philosophen aller Zeiten stellen die Frage stets aufs neue. Aber was wollen sie eigentlich erfragen? Letzten Endes nichts anderes als den geistigen Ort, an dem der Mensch (die Menschheit) lebt zwischen Herkunft und Hingang, und den Sinn, den dieses Kommen und Gehen hat. Sie finden Antworten, andere verwerfen sie, stellen neue Behauptungen auf, sie befeinden sich untereinander, suchen Hilfe bei der Theologie, die vorgibt, »die Wahrheit zu wissen, da sie ihr geoffenbart worden sei von *ihrem* Gott«. Und alle stellen immer aufs neue DIE Frage: Was ist Wahrheit. Niemand weiß es. Niemand weiß etwas andres als ein Kind weiß. Die Wahrheit ist: Ich bin DA und lebe im Augenblick. Um diese Wahrheit zu finden, gibt es hundert Wege, Umwege, Irrwege und hundert Antworten. Und doch gibt es nur die eine einzige: »Ich bin DA, weil ich da bin, und mein DA-Sein ist die Antwort auf die Frage nach dem Sinn. Ich bin, weil ich bin.« Das ist die einzig wahre Wahrheit.

Vor 26 Jahren ... Wie lange noch? Beim Suchen nach einer Textstelle fiel mir aus einem Buch ein alter Brief entgegen. Er stammt von der »Kölnischen Zeitung«, 22. Januar 1970. Man bittet mich um einen Aufsatz zum Thema »Katholische Kirche und Frauen«.
Ausgangspunkt die vom Auswärtigen Amt in Bonn bestätigte Nachricht, daß die Botschafterin, Dr. Elisabeth Müller, kein vatikanisches Agrément für die Nachfolge des (nach Caracas berufenen) Dr. Merschmann erhalten habe ... Die K. N. A. (Katholische Nachrichten Agentur) schreibt dazu in ihrem vertraulichen (!) Informationsdienst: »Das Nein des Papstes dürfte vor allem darin begründet sein, daß die alleinstehende Frau in der Erfüllung ihres diplomatischen Auftrags natürlich auch viel mit vatikanischen Monsignori zu tun gehabt und für sie auch Empfänge hätte geben müssen.«
Na und, Eure Heiligkeit?
Versteh's wer kann.

27. Januar 1996. Den ersten Wasserfrosch gehört. Er sitzt im Schilf meines kleinen Ökobeckens. So früh im Jahr. Und schon ruft er seine Sehnsucht nach einer weiblichen Gefährtin in die noch recht kühle Vorfrühlingsnacht. So früh habe ich ihn noch nie werben hören.

Der Wind. Mein Nachbar, der Astrophysiker, sagte mir, daß alle Winde Namen haben. Das weiß ich: Der Südwind heißt Scirocco, der Nordwind Tramontana, und in Triest heißt er Bora, in der Provence Mistral, und unser deutscher Südwind heißt Föhn.

Mein Nachbar sagt mir: Die Namen der Winde kommen von den Kretern. Die Insel Kreta ist allen Winden ausgesetzt. Für sie kommt der Scirocco aus Syrien, der Südwind heißt Libecca und kommt aus Libyen. Der Wind hat also Namen. Was einen Namen hat, existiert. Gibt es den Wind? Natürlich. Wirklich? Wer fängt ihn ein? Wer macht ihn? Wo ist er, wenn er nicht weht?
Wo ist das Licht, wenn die Nacht stockdunkel ist?
Wo geht die Liebe hin, wenn sie aufhört? Wo ist die Seele, wenn der Schläfer bewußtlos träumt?
Wo ist Gott? Gibt es ihn?
Wir sehen die windgetriebenen Wolken, aber nicht den Wind. Wir sehen Wirkungen, aber nicht die wirkenden Wesen. Und uns selbst sehen wir überhaupt nicht.
Wir erleben nur unser Dahingehen, unsere Vergänglichkeit. Einziger Beweis für unsere Existenz: unsere Vergängnis. Alles ist Illusion. Wir wollen es nur nicht glauben, weil wir einen falschen Begriff von »Wirklichkeit« haben.

Das Leben mit einem Garten, der Umgang mit Pflanzen und Tieren macht leiser. Die brütende Amsel in der Hecke darf nicht erschreckt werden. Der Frosch im Wasserbecken soll unseren Schritt nicht hören. Die Katze auf der Hausbank soll nicht im Schlaf gestört werden. Die Pflaumen- und Mandelblüten sollen meine Nähe nicht deutlicher fühlen als einen Windhauch. Da, wo die hundert Gänseblümchen den Rasen bedecken, wage ich kaum einen Schritt.
»Trittst du den Stein, trittst du mich.« Ein apokryphes Wort Jesu. Wenn ich einen Mimosenzweig breche für Gä-

ste, bitte ich den Busch um Verzeihung und halte die Bruchstelle sanft in meinen Händen.
Keine Sentimentalität, sondern bewußte Liebe zu unserem geschundenen Planeten.

Immer leiser ... So beginnt der zweite Akt von Goethes ›Iphigenie auf Tauris‹:
Orest: »Es ist der Weg des Todes, den wir treten: Mit jedem Schritt wird meine Seele stiller ...«
Nach dem genauen Wortlaut suchend, lese ich weiter in ›Iphigenie‹ und finde ein Wort, das dem letzten Satz des ›Faust II‹ entspricht, der heißt: »Das Ewig-Weibliche zieht uns hinan.« In ›Iphigenie‹ stehts so:
Orest: »Der wilde Sinn des Königs tötet uns; ein Weib wird uns nicht retten, wenn er zürnt.«
Pylades: »Wohl uns, daß es ein Weib ist! Denn ein Mann, der beste selbst, gewöhnet seinen Geist an Grausamkeit und macht sich auch zuletzt aus dem, was er verabscheut, ein Gesetz. Wird aus Gewohnheit hart und fast unkenntlich ...«

Katzen-Schicksal. Als mein letzter Hund gestorben war, wollte ich kein Haustier mehr. Ich liebte meine Tiere so sehr, daß ihr Sterben mir ein lang anhaltender Schmerz ist. Also: keinen Hund mehr. Und Katze sowieso nicht. Ich hatte nie eine.
Aber eines Tages saß eine auf meiner Küchen-Fensterbank. Ein kleiner Tiger. Stephan sah sie zuerst. Die will herein, sagte er. Ich, von vornherein entscheidend, sagte nein. Er lachte: So wie ich dich und Katzen kenne (er hatte selbst

eine, die, fast zwanzigjährig, kurz vor ihm starb) wirst du sie bald lieben, und dann wird sie in deinem Bett schlafen. Nein, sagte ich, nein. Aber vier Wochen später war sie »meine« Katze. Eine Streunerin? Nein. Eine Ausgesetzte. Sie gehörte einem Nachbarn. Viel zu jung hatte sie vier Kätzchen geboren. Drei nahm man ihr. (Ein Kater lebt noch.) Bald darauf warf sie wieder vier Junge. Man nahm ihr drei (wieder durfte eines leben, nur eines). So gings nicht weiter, entschieden die Nachbarn, denen das Töten der Jungen ein Greuel war. Aber was tun. Sie brachten die Katzenmutter im Auto weit weg und ließen sie frei, und atmeten auf. Eine Woche später war die Katze wieder da. Man brachte sie weiter weg, 30 Kilometer. Und sie kam wieder, aber nicht mehr zu den Nachbarn, sondern zu mir. Nun: und da blieb sie eben, von mir zuerst geduldet und gefüttert und bald geliebt. Sie war eine besondere Katze, das sagten alle.
Sie war sehr hübsch. Grau mit genau symmetrischer brauner Zeichnung. Ich ließ sie sterilisieren, aber sie behielt ihre Anziehungskraft für die Kater der Umgebung, darunter für ihren eigenen Sohn aus »erster Ehe«. Einmal sah ich, wie sie ihm eine Ohrfeige gab. Tiere erkennen ihre Nachkommen nicht. So scheint es. Aber was wissen wir wirklich.
Sie war scheu von Natur, aber sie lernte die Menschen lieben: sie ließ sich streicheln und spielte reizend kokett mit beim Fotografieren und Filmen. Man kann sie in den letzten TV-Streifen sehen. Sie liebte es, Mittelpunkt von Besuchergruppen zu sein, und saß dabei, aufmerksam zuhörend. Was sie entschieden haßte, war das Telefon. Monatelang setzte sie sich, sobald sie das Klingeln hörte, neben mich, und ich lernte begreifen, daß für sie dieses Telefon ein Problem war. Mit wem sprach ihre Herrin, und wer sprach mit ihr, es war doch niemand zu sehen, der sprach. Einmal riß

ihr die Geduld, und sie schlug mit der Pfote auf die Tasten. Das Telefon schwieg. Sie hatte das Problem auf ihre Weise gelöst, aber nur für kurze Zeit. Doch sie gab es nicht auf, zuzuhören und nachzudenken. Sie hatte an einem Ohr einen kleinen verheilten Riß, und ich behauptete, sie trug da einmal eine Kennmarke und war beim Geheimdienst, oder sie war Telefonistin, im vorigen Leben ...

Einmal wurde ihr ihre Neugier zum Verhängnis: sie sprang auf die Vogelschale, die auf einem Säulchen steht, sie fiel um und der Rand traf die rechte Katzenpfote. Ein Knochenbruch. Sie wurde eingegipst. Wochenlang lief sie mit dem Gipsbein, und damit sie sich beim Heilungsprozeß nicht kratzte, bekam sie eine Plastik-Halskrause, mit der sie einer Theaterkönigin glich.

An meine vielen Reisen, mein Gehen und Kommen, gewöhnte sie sich, aber am letzten Tag verschwand sie, jeweils so mir ihr Mißfallen zeigend.

Einmal verschwand sie wieder für zwei, drei Tage. Während meiner Reise starb sie, vermutlich hatte sie Gift gefressen irgendwo. Es sind noch zwei andere Katzen verschwunden. Es zerriß mir das Herz, zu denken, daß ich sie hätte retten können, wäre ich daheim geblieben.

Attilio begrub sie unter der »Mutter Pinie« neben dem Hund Unio.

Mein Kätzchen, ich hatte es geliebt. Mein Trost: in ihrem kurzen Leben hatte sie zwei Jahre des Glücks in meinem Haus und war ihrem Rang entsprechend als Herrin des Hauses behandelt worden.

Nun war schon zweimal am großen Salonfenster ein Kätzchen, silbergrau, und schaute herein ...

Nein, keine Katze mehr, bitte nicht. Auch keinen Hund, nein, keine neuen Abschiede mehr.

Was tu ich, wenn ich nichts tu? Rein gar nichts tun: wie geht das? Tut man wirklich nichts, wenn man nichts tut? Gibt es eine wirklich pure Passivität? In der Meditation? Aber das ist kein Nichts-Tun, das ist das allerhöchste Tun, nämlich der bewußte Verzicht aufs Tun. Der Verzicht ist ein Tun, das nicht als Tun erscheint. Das Phänomen ähnelt der physikalischen Formel: Geist ist Materie, die nicht als Geist erscheint. Aber nochmals gefragt: Was tu ich im Nichts-Tun? Ich lasse geschehen. In mir arbeiten nicht nur die physiologisch-biologischen Kräfte, sondern auch die seelischen und geistigen. Mit mir wird getan. Andre Frage, Zwillingsfrage: wo, wer, wie bin ich, wenn ich bewußtlos bin? Wohin geht mein Bewußtsein, wenn es mir entschwindet? Wohin geht die Liebe, wenn sie nicht empfunden wird? Wo ist Gott, wenn ich keine Beziehung zu ihm habe? Wohin geht alles Sein, wenn ich es nicht als seiend erfahre? Und wohin geht allerletzten Endes alles »Sein«? Ins Nicht-Sein. Was ist das? Gibt es das? Ist es das Nirwana? Oh nein. Nirwana ist allerhöchstes Sein. Aber verstehe ich, was ich da sage? Mit dem Verstand verstehe ichs nicht. Doch gibt es für derlei Fragen andre Organe, die eine Antwort wissen ohne zu wissen.

Das Nest. Wo finden Vögel ein Nest? Sie finden keins, sie müssen es sich bauen.

Seltsame Begegnung. Auf den Briefen aus Deutschland eine Briefmarke, die mich angeht, immer noch: das Rad der Fortuna der »Carmina Burana« Orffs. Heute eine, auf der auch horizontale und vertikale Noten-

zeilen sind. Horizontal die Schlagzeugtriolen von »Astutuli«, vertikal kann ichs nicht identifizieren.
Astutuli: er komponierte das Stück oder einen Teil des Stücks im Haus von Heinrich Sutermeister, als wir zu Besuch dort waren, und den Rhythmus klopfte er auf meinem Körper ... Dann, bei der Premiere in München, der Skandal: in der ersten Reihe prominente Politiker, und er, in der Gauklerrolle, deutete mit dem Finger auf diese erste Reihe, den Text zitierend: »Scheißkerle ihr«.
Und dann in London die Astutuli-Lesung im Park Lane Theatre. Der deutsche Botschafter und andre Prominente, deutsche und englische, neben mir ein Minister. Auf der Bühne nichts als ein Stuhl und ein einfacher Tisch. Wem wohl war der unglückliche Gedanke gekommen, auf den Tisch eine Decke zu legen und einen Blumentopf daraufzustellen? Ich ahnte eine Katastrophe. Sie kam. Orff betrat die Bühne, ging auf den Tisch zu, stutzte (wie gut er die Szene spielte!), nahm den Blumentopf und trug ihn (steifen Schrittes) in die Kulisse, kam zurück, nahm mit spitzen Fingern die Tischdecke und trug sie, als sei sie ein giftiges Reptil, weit von sich weghaltend, ebenfalls in die Kulisse. Dann setzte er sich. Und dann geschah lange nichts. Lautlose Stille der wohlerzogenen Eingeladenen.
Lange Stille. Mein Herz klopfte. Was fiel dem Teufel Orff ein? Stille. Lange Stille. Und dann, mit heftigem Emporwerfen beider Arme, der Schrei: »A – stutuli!« Wie ein Peitschenhieb. Das Publikum fuhr entsetzt erschrocken zusammen. Der Minister neben mir griff nach meinem Arm. Hinterher sagte man mir, man habe gedacht, Orff sei wahnsinnig geworden.
Die Lesung war ein großer Erfolg.
Und jetzt also die Briefmarken. Ich kann nicht wissen, wo er

jetzt ist. Aber wenn er IST, und wenn er noch Orff ist, dann muß sein Gelächter durch den Kosmos schallen.

Schande für italienische Richter. Eine Frau hat 200000 Lire gestohlen und kam dafür ins Gefängnis, ich glaube für ein Jahr. Inzwischen starb ihr kleiner Sohn, und der andre liegt im Koma. Die Mutter bekam drei Tage Urlaub, um ihr sterbendes Kind zu sehen, keinen Tag länger.
Reiche (Mafiosi) können sich mit ihren gestohlenen Milliarden loskaufen. Ich brauche keine Namen zu nennen. Wir kennen sie alle.
Warum zogen nicht wir Frauen vors Gefängnis, warum nehmen es die italienischen Frauen einfach hin? Ein Mann, ein Journalist spricht mit heiliger Wut im TV über den Justiz-Skandal. Ein Mann! Keine Frau.

Der Stein blüht. Ich habe im Garten nur das Notwendigste an Pflastersteinen legen lassen. Zwischen den unregelmäßig gelegten Steinen ganz schmale Spalten. Sie füllten sich nach und nach mit Flugsand und schienen lange Zeit steinern leblos. Und nun: da und dort siedelt sich Grünes an: ein wenig Moos, zarte Gras-Rispen, kleine Sterne von Löwenzahnblättern, die Rosetten von Gänseblümchen, die anfingen zu blühen, dann ein paar winzige lila Taubnesseln, dann etwas höhere Gräser, und das alles zwischen den harten Steinplatten. Was für eine Kraft der kleinen Zarten und Schwachen, was für ein Drang zum Licht, was für eine unbesiegbare Hoffnung. Aus dem bißchen Sand und Erdkrumen zwischen den Steinplatten saugen sie die Kraft zu leben. Wie sie mich geschwisterlich rühren und wie sie ihre Hoffnung auf mich übertragen!

Du sollst nicht töten. Ich esse kein Fleisch. Ich tue keinem Tier etwas zuleide. Ich füttere im Winter Vögel. Ich habe eine streunende Katze in mein Haus aufgenommen. Ich ...

Nun? Und was ist mit der winzigen Ameise, die über mein Blatt lief? Ich habe sie zerdrückt. Ich habe getötet. Ich habe Leben ausgelöscht. Wehrloses Leben. Ich habe seinen Aufstieg zur nächsten Stufe zunichte gemacht. Die kleinwinzige Ameise, was tat sie mir zuleid? Sie störte mich. Ihre Winzigkeit erlaubt mir, sie zu töten. Einen Löwen hätte ich nicht getötet, natürlich nicht. Aber dieses kleine Lebewesen ... Und wir Menschen: Winzigkeiten auf dem Planeten. Fast nicht vorhanden im Kosmos ... Man kann uns mit einem Fingerdruck vernichten.

Wieder einmal überfällt mich Schrecken: wir Mörder. Was erwarten eigentlich wir? Wer sollte uns überhaupt wahrnehmen? Wer, wenn nicht unser Nächster?

Aus den eigenen Büchern verschwinden. Eine Leserin schrieb mir eine chinesische Geschichte: ein Maler, der sein Leben lang an einem einzigen Bild gemalt hatte und darüber alt und einsam geworden war. Schließlich war das Bild fertig, und er lud die verbliebenen Freunde ein. Auf dem Bild ein Park, und zwischen Wiesen ein schmaler Weg, der zu einem Haus auf einer Anhöhe führte. Als die Freunde über das Bild redeten, merkten sie, daß der Maler nicht mehr da war. Sie sahen ihn im Bild: er geht die

Anhöhe zu seinem Haus hinauf, öffnet die Tür, steht einen Augenblick still, dreht sich um, lächelt, winkt und verschwindet, sorgfältig die gemalte Tür hinter sich verschließend.
Wie geht ein Schriftsteller aus seinen Büchern hinaus?

Kein Nest mehr. Nun habe ich doch die hübsche kleine Wohnung in München gefunden und behaglich-nüchtern eingerichtet und gehofft, mich dort, wenn auch jeweils nur für kürzere Zeit, daheim zu fühlen. Bin ich nicht dem sonderbaren Phänomen verfallen wie so viele Menschen, die nicht im angestammten Heimatland leben, die sich in der Wahlheimat »zuhause« fühlen und eines Tages beginnen, sich zurückzusehnen zum Ursprungsland? Spricht nicht der Wunsch mit, in der Heimaterde begraben zu werden?
Isang Yun, der in seiner südkoreanischen Heimat so Schreckliches erlebte und der sie vor Jahrzehnten verlassen hatte, er wünschte heiß, eben dort begraben zu sein, dort, wo seine Vorfahren liegen. Ists denn von Bedeutung? In Indonesien, auf der Insel Flores, sah ich (was man auch in Indien sehen kann), daß es keine Friedhöfe gibt; die Gräber sind dicht neben den Häusern. Sie gehören zum Haus, zur Familie.
In Europa ists verboten, die Hunde im eigenen Garten zu begraben (ich übertrat das Gesetz). Als ob die geliebten Tiere nicht zur Familie gehörten!
Mein Stephan liegt in Deutschland. Weit weg. Wirklich: weit weg? Er schenkte mir vor Jahren ein Bonsai-Bäumchen. Ich pflegte es gut. Während Stephans Krankheit litt das Bäumchen: es verlor Blätter, es trieb armselige Zweige.

Ich gab es schon verloren. Ich trug es aus dem Haus als einen Kranken und stellte es in eine geschützte Ecke. Es kränkelte weiter. Nach Stephans Tod begann ich, für sein Bäumchen zu hoffen. Ich redete mit ihm. Ich sprach es mit Stephans Namen an. Es antwortete: es trieb mühsam einige Zweige. Jetzt gehe ich jeden Morgen und Abend zu ihm und lege meine warme Hand um das kalte hart-holzige Stämmchen. Ich lasse es meine Liebe fühlen. Ich bin sicher, Stephan ist mir ganz nahe. Alle »meine Toten« sind mir nahe. Wir arbeiten zusammen. Stephan war sehr sozial, auch politisch sozialistisch, er arbeitete für seine »Gewerkschaft Bühne«, er steht mir bei in meiner Arbeit für den Frieden, wir sind uns einig, und vielleicht bereitet er sich vor zu einer neuen Begegnung mit mir in der nächsten Reinkarnation. Und ich bereite mich vor, vielleicht wieder seine Mutter zu sein. Vorerst pflege ich sein Bäumchen mit aller Liebe – denn: wo ist er, wenn nicht AUCH in seinem Bäumchen?

Europa 1996, nicht 1969. 1969 schrieb ich in meinem Tagebuch, daß wir Deutschen (BRD, DDR damals) »kein anderes gemeinsames Schicksal haben als das, daß wir warten müssen, bis über alle, aber wirklich alle Grenzen Europas Gras gewachsen ist und wir wie die Hasen und Füchse hinüber- und herüberwechseln können.«
Wann sind wir so weit?
Die Grenzen, ja, die können wir vielleicht eines Tages überwunden haben. Aber die andern: die zwischen Menschen, die bleiben, oder vielmehr: da wachsen Mauern.
Ich gehe durch München (es kann jede andre europäische Großstadt sein) und schaue die Leute an. »Die Leute«. Warum kommt mir nicht das Wort »Menschen«?

Nicht einmal die Hunde der Leute nehmen Kenntnis voneinander. Wie ihre Herren.
Der Neben-Mensch, der »andre«, ist gar nicht »da«. Mich friert. So also ist das: die Liebe ist tot.
Ich versuche, Leute anzulächeln. Manchmal lächelt einer zurück, befremdet, unschlüssig, sich fragend, ob er mich denn kennt. Ich erzähle bei meinen Diskussionen nach den Lesungen die Geschichte von meinem Nachbarshund (in Italien). Mein Nachbar, der Psychiater, hat einen sehr großen Hund, eine Dogge, wie ein Kalb. Ich bin dort eingeladen. »Vorsichtig«, sagt der Doktor. Wieso? Weil der Hund scharf ist.
Mag sein. Ich habe keine Angst. Ich weiß, wie man Hunden begegnet und wie mans nicht darf: man darf sich ihnen nicht zu rasch nähern und nicht mit erhobener Hand, die Handfläche nach unten. Diese Gebärde kennen sie: so wird man geschlagen. Also anders: langsam, und mit ruhiger Stimme, und die Handfläche offen nach oben, das ist das Friedensangebot. Vorsicht! ruft der Doktor. Ich rede mit dem Hund, immer näherkommend. Tiere reagieren auf Stimmen. Ruhige, tiefe Stimmen lieben sie. Ich sage ihm: »Guter Hund, schöner Hund ...« Und er nähert sich Schritt um Schritt, und dann leckt er mir die Hände.
Wir Menschen auf der Straße gehen mit versteckter Drohgebärde aneinander vorbei, bestenfalls wenden wir uns voneinander ab. »Laß mich in Ruhe, ich will nichts von dir, und ich habe dir nichts zu geben. Du existierst nicht für mich. Existierst du überhaupt?«
Und dabei ist doch jeder Mensch mein Bruder, meine Schwester, mein Sohn, meine Tochter. Bin nicht ich selbst er?
Aber man kann doch nicht jeden anlächeln, oder?

Nein. Aber man kann andauernd und ausdauernd leben in der Liebe zu allen und allem. Die andern spüren das schon, es wird ihnen plötzlich leichter und heller.
Was ist geschehen? Der Geist der Liebe hat sie berührt.

Geborgenheit. Das Wort »geborgen« scheint mit Burg zusammenzuhängen. In einer Burg war man geborgen vor dem Feind. Nahte Gefahr, flüchtete man in die Burg, die Schutz gewährte oder doch versprach. Man fühlte sich sicher und gab einander Zuversicht. Man war ja geschützt von starken Mauern und starken Menschen, und in religiösen Zeiten vom Glauben an den starken Gott.
Und wir heute? Wo ist die schützende Burg? Mauern, noch so starke, schützen nicht vor Bomben. Wir leben in offenen Städten. Die Polizei versucht uns vor Verbrechern zu schützen. Es gelingt ihr nicht. Dämme und Deiche brechen, Erdbeben zerstören Städte, Epidemien greifen um sich, trotz aller medizinischen Fortschritte, und die schützenden kollektiven Ideologien lösen sich auf, die Familie als Nest zerbricht, und jeder scheint jedes Feind zu sein. Das Mißtrauen ist vorherrschendes Gefühl, Aggression die normale Haltung. Was für ein Leben.
Und da redet man von Geborgenheit? Wo gibt es sie? Vielleicht in Gruppen, politischen, religiösen, weltanschaulichen. Aber auch diese Gruppen sind brüchig.
Was nun? Steht jeder von uns ganz isoliert im Offenen? Ist nirgendwo ein bergendes Nest?
Doch, oh doch. Nur: wir finden das Bergende in uns selbst. Wir finden es in der Liebe. Ich sage nicht: im Geliebt-Sein. Ich sage: in der Liebe oder, weniger groß ausgedrückt, in

der Sympathie zu allem, was ist. Ich fühle mich geborgen bei Bäumen, Blumen, Tieren. Ich fühle mich geborgen mitten im Großstadtverkehr, im Getümmel, denn ich sehe: da sind Menschen wie ich einer bin, Menschen, die leiden, die sich nach Liebe sehnen, die leben und die sterben werden, es sind meine Schwestern, Brüder, Väter, Mütter, und alle sind Eins; die Menschheit, in der das Eine Göttliche sich verwirklicht. Im Gefühl der Einheit gehe ich wie von einem Schutzengel geborgen, und vielleicht sind wir nur wirklich geborgen unter den Flügeln schützender Geister – geborgen, wenn wir uns ihrer Hilfe anvertrauen.

Gespräch mit einem Physiker, der sich mit dem Computer-Problem philosophisch beschäftigt. Daß wir ins Wassermannzeitalter hineinwachsen, wo alles ins Computer-System paßt. Wir werden nicht mehr von Mensch zu Mensch reden, sondern von Computer zu Computer, und nicht einmal wissen, ob der Partner real existiert – wir hören nicht einmal die wirkliche Stimme (wie beim Telefon), sondern *eine* Stimme, die des Computers. Wir werden nicht mehr wissen, ob überhaupt ein Partner existiert. Ob es überhaupt eine »Wirklichkeit« gibt. Ob nicht alles Leben sich nur in Computern abspielt. Ob nicht jeder von uns sein Leben nur aus dem Computer erkennt?
Eine Flut erschreckender Zukunftsbilder.
Wirklich: ist es so erschreckend? Existieren wir denn anders (»wirklich«) als in »Phantasien«, im eigenen Bild von uns selber und unsrer von uns geschaffenen Umgebung, oder existieren wir überhaupt nur in der Phantasie unsrer Mitmenschen und sie in der unsern? (Jeder hat ein andres Bild von sich und andern!)

Wir leben in Träumen. »Gott« träumt uns. Und wir träumen uns Gott und seine Welt.
Ist aber der Traum nicht eben DIE Wirklichkeit?

Tröstung. Ich gehe so vor mich hin, allein mit meiner Juli-Schwermut und fühle mich ausgeliefert ans falsche Nichts, das selbstgeschaffene. Da – ein leiser Flügelschlag nah bei mir, eine Amsel, sie hüpft aus dem Gebüsch und bleibt neben mir, sie begleitet mich eine ganze Weile, sie hält sogar, hüpfend, Schritt mit mir, angstlose Gefährtin, tröstende Begleiterin. Warum kamst du, warum bleibst du so lange an meiner Seite? Wer bist du, schwarzgeflügeltes Wesen? Erst am Ende des Weges läßt sie mich allein und schlüpft ins Gebüsch. Mir bleibt ein seltsames Gefühl von Tröstung. Ich bin ja nicht allein. Eine Amsel bringt mir die Botschaft von der Sympathie alles Seienden. Wenn wir nur immer begreifen würden! Wir alle, aus einem mythischen Paradies verstoßen, »liegen in Wehen« (Paulus) und sind einander gegeben als Gefährten beim Warten.

Vier leere Seiten. Warum die Unterbrechung? Vier Monate Unfähigkeit zu schreiben. Vier Monate, die dahingingen, ohne daß ich »zu mir kam«. Vier Monate unter Schmerzmittel-Betäubung nach dem ersten und dem zweiten Unfall. Ich schaue in den Spiegel. Bin das ich? Ich hatte einen Alptraum, er ist noch nicht ganz ausgeträumt.

Ich erinnere mich an eine alte Lesebuch-Geschichte, vermutlich von Johann Peter Hebel: Ein Mann schließt einen Pakt mit dem Tod. Der soll noch nicht kommen, jedenfalls nicht ohne Vorankündigung. Der Tod ist einverstanden. Eines Tages aber kommt er wieder. Wie, du kommst und hast dich nicht angemeldet? O doch, sagt der Tod, dreimal habe ich mich gemeldet: das erste Mal wurdest du krank, das zweite Mal ... (ich erinnere mich nicht mehr). Nun: ich habe keinen Pakt mit dem Tod geschlossen. Aber eine Voranmeldung gab es doch. Man nennt es heute Streß und Kreislauf-Kollaps. Die letzten Jahre waren Streß-Jahre. Zu viel Arbeit. Zu viel Post. Zu viele Besucher, Gruppen und Einzelne. Dann die lange Krankheit und der Tod meines Sohnes Stephan. Und die Reise nach Indien und in den Himalaya zum Dalai Lama. Und wieder Arbeit, und zu wenig Zeit und Lust zum Essen, und dann ein kleiner Schwindelanfall, unbeachtet vorübergegangen, und wieder Reisen: Rom–München–Rom, mehrmals, und nach Berlin zur Gründung der Friedens-Universität, die Andalusien-Reise mit Christoph; und wieder Arbeit ... Im Juli kleine Schwächeanfälle, vorsichtshalber eine Computer-Tomografie, der Arzt erklärt mich für völlig gesund, und dann, in der Nacht danach, der harte Sturz, der Bruch einer Hüfte, die erste Operation, die Prothese, die Wochen im Krankenhaus des Dritten Ordens in München, das kleine Zimmer, der Blick auf die Mauer des Nebenhauses; nichts als diese Mauer ...

Oh, diese Mauer! Bei Sonnenschein grell weißgrau leuchtend, unerträglich. Bei geschlossenem Vorhang Dämmerung. Die Mauer, sie mauerte mich ein. Sie umschloß mein Bewußtsein. Da gab es kein Entrinnen. Ich lag da und lag, ausgeliefert an meine Unbeweglichkeit und an die Krankenpfleger, die kamen und gingen, kamen und gingen, Spritzen gaben, Essen brachten auf Plastikgeschirr, mir die Schüssel unterschoben – oh, diese Schüssel, nicht einmal das elementarste Bedürfnis konnte ich selbständig erfüllen. Der Klingelknopf, der Wärter oder die Krankenpflegerin kam, tat gleichgültig seine/ihre Pflicht, der Albaner chronisch schlecht gelaunt, die kleine Tamilin meist ebenfalls, dazu eine freundliche dicke Polin, eine nette Deutsche, immer wechselnd, meist Schwesternschülerinnen noch. Ich sehe mich jetzt (wie in einer Vision) einige Meter von mir entfernt stehen in einer Duschwanne, nackt und rosa wie eine Zelluloid-Gliedergruppe: eine Pflegerin wäscht mich von oben bis unten, ich sehe das wie eine Begebenheit, die ich miterlebe, die mir jetzt geschieht, ich schäme mich törichterweise meiner Unfähigkeit von damals, ich sehe mich in völliger Hilflosigkeit, ausgeliefert an die routinemäßige Hilfe der Pfleger.

War es nicht ein Zurückgeworfensein in die Säuglingssituation? Die ganze erste Zeit: Säuglingserfahrung. Als ich aus der Narkose halbwegs zu mir kam, hörte ich sprechen, von weither, so schien es. Aber in der Nähe bewegten sich helle Schatten. Wer waren diese Leute, ich wollte etwas sagen, ich konnte nicht, ich konnte nur lallen, niemand verstand mich, ich gab resigniert auf. Ein Säugling kann schreien. Ich konnte es nicht. Ich ließ mich wieder in den Schlaf fallen, bis jemand mich energisch zu wecken versuchte. Dumpfheit. Nicht-Begreifen. Gar nichts mehr begreifen. Wie kam ich hierher? Was ist mit mir geschehen? Langsames Zu-mir-Kommen, betäubt noch von der nachwirkenden Narkose und den schmerzstillenden Mitteln. Stumpfe Ergebenheit in das Unverständliche. Viel später die vage Erinnerung an den Sturz: wie sich plötzlich in meiner Küche alles drehte, unten war oben, ich sah sekundenlang alle Gegenstände in übergroßer Klarheit, kein Verlust des Bewußtseins, ein lautes Krachen, und ich fand mich auf dem Küchenboden, etwas war gebrochen, das war ich, ich konnte nicht aufstehen, es war nachts elf Uhr, ich war allein, das Telefon unerreichbar, ich wollte ins Bett, ein unendlich weiter Weg, nicht aufrecht gehend zu erreichen, so robbte ich Zentimeter um Zentimeter über den Boden, bis zum Bett dauerte es wohl mehr als eine Stunde. Wie kam ich vom Boden ins Bett? Unbegreiflich. Ich lag davor und dachte nichts als: ins Bett. Als sei das die Rettung. Schließlich lag ich tatsächlich im Bett. Ich bin überzeugt, ein Engel hat mich hinaufgehoben und eingeschläfert. Ich schlief einige Stunden. Trotz der Schmerzen. Dann kam meine Freundin, sah die Situation, rief den Arzt, er rief den Notdienst, und dann wurde ich gebündelt wie ein Baby; Krankenpfleger trugen mich ins Sanitätsauto, und ich war beinahe vergnügt, denn nun war ich, so schien es, schon halb gerettet. Dann die Aufnahme ins Krankenhaus. »Sind Sie verwandt mit der Schriftstellerin …?« Erstaunen. Freudige Begrüßungen. Röntgenaufnahmen. Diagnose: gebrochener Hüftknochen. Morgen früh Operation. Keine Angst, das ist eine Routine-Operation, der Chef selbst macht sie.

Routine für den Chirurgen: eine künstliche Hüfte einset-

zen. Wie viele gebrochene oder einfach abgenützte und arthritische Hüftknochen gibt es!
Die Operation. Das gar nicht unangenehme Versinken in die Bewußtlosigkeit. Nichts wissen von der Operation. Wie tot. Ist so das Sterben? Das Tot-Sein? Das Aufwachen im Zimmer. Nach Stunden. Das Weiterschlafen.
In den nächsten Tagen die ersten Besucher, die Freunde, alle mit Blumen und Mitleidsmienen, liebevoll, aber mir sonderbar fremd. Wie einem Baby die Tanten und Onkel erscheinen mögen. Wahrgenommen nur S., der vor seiner Abreise ins Ausland kam, die unaufschiebbar war, und den es betrübte, mich verlassen zu müssen. Wahrgenommen auch den Chefchirurgen, der bisweilen abends kam und mich zum Sprechen brachte. Unvergeßlich seine Antwort auf meine Frage: »Mußte das sein? Und warum überhaupt so viel Leiden in der Welt?« Er: »Das war einmal meine Frage an einen alten oberbayrischen Bauern. Seine Antwort? Weil es so sein muß.« Ja, schon. Aber wer bestimmt, daß es so sein muß? Eine Antwort, die keine ist, und doch eine ist.
Positive Erinnerung: die ersten Schritte am Gehwagen. Einige. Tags darauf etwas mehr. Das Kleinkind mußte gehen lernen. Was sonst so selbstverständlich war, mein flinkes Gehen, es wurde unsäglich mühsam. Später dann das Gehen mit Krücken. Was wir als Kinder spielerisch konnten, das wurde jetzt eine schwierige Übung.
Die erste Ausfahrt in den Krankenhausgarten. Ausfahrt im Rollstuhl. Das Kleinkind im Wägelchen. Wie beschämend angenehm, geschoben zu werden. Der erste Atemzug in frischer Frühherbst-Luft. Der Garten mit dem Springbrunnen und den Rosen. Das Bäumchen mit den kleinen roten Äpfeln. Alles neu für mich. Offenbarungen. Aber alles tat

weh, alles Schöne war nicht für mich, es war nur »da«, es war für sich da. Und für alle anderen.
Nach vier Wochen die Verlegung in die Klinik Feldafing. Ein großes helles Zimmer mit Balkon, und der Blick auf den Starnberger See. Keine graue Mauer vor dem Fenster. Keine Krankenhaus-Atmosphäre, eher die eines Kurhauses. Da also sollte ich eine Weile bleiben zur Rehabilitation.
Schließlich der Tag der Entlassung nahe. Mit Christoph, der mich am Nachmittag vorher besucht hatte und mit mir durch den Park spazieren ging, hatte ich verabredet, daß er mich am nächsten Tag mit dem Auto abholen sollte.
Doch nachts erneuter Sturz: Oberschenkelhalsbruch. Wieder nach München, zur zweiten Operation. Das selbe Zimmer. Wieder die graue »Gefängnismauer«. Einige Wochen unbeweglich. Wieder alles von vorne beginnen. Wieder Baby-Situation. Und dann, endlich, wieder Feldafing. Erlöstsein vom Blick auf die Mauer. Jetzt Blick auf goldene Wälder. Mit zunehmender Genesung zunehmende Gewöhnung an die liebevolle Pflege. Gefahr dieser Gewöhnung. Nichts mehr entscheiden müssen. Nicht mehr um die täglichen Bedürfnisse mich sorgen. Immer so weiter leben ... Es gibt Leute, die für den Rest ihres Lebens in dieser Situation bleiben wollen und tatsächlich bleiben.
Als ich mich stark genug fühlte, entschied ich mich zum Verlassen der Klinik. Aber wohin? Heim in mein Haus in Italien? Ausgeschlossen. Zu früh. In meine Münchner Wohnung also. Noch nicht ganz sicher auf den Beinen. Rückenschmerzen. Meine Freundin S. M. bei mir mich umsorgend in dieser ersten Woche.
Das Problem alleinstehender älterer Frauen: wer sorgt für sie? Wieviel Resignation. Wieviel Verzweiflung. Wieviel

Lebenstapferkeit aber auch. Der Nachteil der Auflösung der Familie. Das bittere Los des Lästigseins für Freunde und Verwandte, die alle zu sehr beschäftigt sind, um sich zu sorgen, wie es der Oma oder dem Opa geht. »Soll doch ins Altenheim gehen ...« Und ich? Zu jung fürs Altenheim, so scheint mir selbst. Ich muß allein zurechtkommen. Wird schon gehen.

Das Altwerden ... Ich habe bis 85 mein Alter nicht gespürt. Ich war nie ernstlich krank. Ich habe immerzu gearbeitet. Und meine Reisen ... Und jetzt: soll das alles vorbei sein? Die Ärzte sagen, ich werde bald wieder »normal leben« können. Ja, schon. Aber es ist doch anders jetzt. Ich sehe das Leben jenseits einer Gartenmauer vorbeifluten. Die Jungen da draußen, die leben ihr volles Leben. Die laufen, die spielen Tennis, die gehen Hand in Hand, die machen Politik, die reisen nach Indien, die leben die leben die leben ... Und ich bin alt, und das schöne Leben rauscht da draußen vorbei ... Unsinn! Als ob die da draußen keine Probleme hätten, keine Krankheiten, keine Sorgen wegen Arbeitslosigkeit, stille Verzweiflung am Sinn des Daseins. Ist Leben nicht das Gehen am Abgrund? Lauert nicht an jeder Ecke eine andere Gefahr? Wer ist sicher, was in der nächsten Stunde geschieht?

Tröstliche Gedanken? Illusions-Gedanken. Noch mehr Ursache zum Leiden. Die alte schwarze Frage: Warum ist Leben (fast) identisch mit Leiden?

Ich fügte das »fast« nachträglich ein. Kann ich sagen, mein Leben sei Leiden gewesen? Nein, nein. Es war schwer, aber es war reich, und es gab Glückszeiten. Es gab? Es gibt. Auch jetzt, nach dem Schock der beiden Unfälle, gibt es Glücksmomente.

Es stimmt ja gar nicht, daß ich vom Leben ausgeschlossen

bin. Das Leben schickte seine Wellen an mein Lager schon in der Klinik. Da ist der Zimmernachbar, der mir mein Buch ›Den Wolf umarmen‹ bringt zum Signieren, mit einem Foto von jenem Gefängnis, in das ich im letzten Kriegsjahr von den Nazis eingesperrt war: mein Klinik-Nachbar, damals ein Halbwüchsiger, besuchte das Gymnasium nebenan ...

Eines Abends kam eine Frau zu mir, weinend. »Was für ein Glück, Sie so durch Zufall zu treffen. Im Zimmer nebenan liegt meine Mutter im Sterben.« Ich konnte ihr beistehen, indem ich ihr sagte, sie müsse ihre Mutter begleiten auf dem Weg in den neuen Seins-Zustand, und sie müsse ihr alles, aber wirklich alles verzeihen, was die Mutter ihr (wie sie meinte) an Unrecht zugefügt hatte. Sie weinte erlöst und ging zurück ans Sterbebett. Gleich darauf entschlief ihre Mutter.

Auf dem Korridor begegneten mir wohl ein Dutzend Frauen und auch einige Männer, die mich erkannten und freudig begrüßten und mir sagten, sie hätten viele meiner Bücher gelesen. Die Krankenschwestern, gar nichts wissend von meiner »Berühmtheit«, erzählten mir verblüfft, daß in den Zimmern mehrerer Kranker Bücher von mir lägen. Die Kranken hatten sie in die Klinik mitgenommen, ohne zu ahnen, daß sie dort deren Autorin treffen würden, die selber krank dort lag und keinen Trost schöpfte aus ihren eigenen Büchern ...

Meist waren die kranken Leser mittleren Alters. Aber einige, die ihren Söhnen und Töchtern erzählten, daß ich in der Klinik liege, brachten mir Bücher, die diese jungen Leute signiert haben wollten. ›Bruder Feuer‹ und ›Mitte des Lebens‹ und ›Tobias‹ und ›Mirjam‹. Und die Tochter des Chefarztes, Schülerin, kam zu einem Interview über

meinen Roman ›Tobias‹. Und zwei der Ärzte, auch der Klinik-Chef, hatten einige meiner Bücher gelesen und bedankten sich.
Und Post kam. Post, nachgesandt aus Italien. Die Schreiber wußten nichts von meinem Zustand. Sie schrieben mir lange Briefe mit Fragen und Problemen. Viele hatten ›Gratwanderung‹ gelesen und schrieben mir ihre eigene Geschichte. Also: das Leben holte mich ein. Wer immer lebendig gelebt hat, der lebt auch in und mit der Behinderung. Das große Beispiel: meine Freundin M. D. Seit ihrer Kindheit gelähmt, immer im Rollstuhl. Eine schöne blonde Frau mit hoher Intelligenz. Wie lebt man als so sehr körperlich behinderte, geistig so wache Frau mit leidenschaftlichen Gefühlen? Sie ist Autodidaktin. Sie lernte für sich Italienisch und Französisch, auch Latein im Fernkurs: sie wagte Reisen nach Italien und Frankreich, mit Rollstuhl und Eisenbahn; sie war auch bei mir in Rocca, begleitet von ihrer treuen Helferin Lina. Sie half mit bei der Gründung einer Krankenvereinigung, sie schreibt Kranken-Rundbriefe, sie empfängt Besucher, sie schreibt kleine Geschichten und Mundart-Gedichte, sie hilft vielen Ratsuchenden, sie überstand Krankheiten, klaglos, wie sie denn überhaupt nie ihr Los beklagte, sie ist heiter und witzig, alles in allem: eine großartige Frau, sie lebt ein lebendiges Leben, obgleich ihre Lähmung jetzt sich auch im rechten Arm bemerkbar macht und sie beim Schreiben hindert. Aber sie schreibt. Einige ihrer Arbeiten sind publiziert. Sie sind gut. So kann man also auch leben. Ein erfülltes Leben: denn sie liebt das Leben, wie es ist, und sie liebt die Menschen, wie sie sind. Auch die, die mit ihr jetzt im Altenheim und gar nicht bequem sind. Und sie hat ihr Schicksal voll angenommen. Bewundernswerte Frau.

Was eigentlich gibt ihr die Kraft, so zu leben? Dreißig, vierzig, sechzig Jahre lang so zu leben? Sie sagt, es sei »Gnade«. Ja wirklich: es *ist* Gnade. Woher kommt Gnade? Aus der Religion? Aber was heißt das?
Als es mir sehr schlecht ging, habe ich da gebetet? Ja, aber ein absurdes Gebet zu dem, an den ich (so) gar nicht glaube. Ich sagte: »Laß mich sterben.« Wer war das, an den ich diese Worte richtete? Ich weiß es nicht. Ich habe dieses Gebet, diesen Ruf aus der Tiefe, mehrmals gedacht, auch als es mir schon besser ging, mir aber die quälende Frage kam: Wie lange noch werde ich behindert sein, und wer wird mir beistehen, wenn ich wirklich alt und gebrechlich bin? »Laß mich vorher sterben.« Wen rief ich da an? Wer war für mich die Instanz, der ich die Entscheidung über Leben und Tod zumaß? Nie betete ich um rasche Gesundung. Um nichts betete ich. Von wem erwartete ich Hilfe? Ich weiß es nicht. Vielleicht von meiner eigenen Vitalität und von der Zeit, die nötig ist zur Heilung.
Eine Ausnahme: Ich las in einem Büchlein über Teresa von Avila, die mir als vitale Frau immer schon nahestand und die viel krank war und selbst als Kranke schwierige Reisen machte, um Klöster zu gründen. Ob ich zu ihr betete? Es war mehr ein Beispiel-Nehmen. Teresa hat das geschafft, warum nicht auch ich? Man kann das Schwierigste überstehen im Vertrauen auf ... ja, worauf?
Meist lag ich in einem halbwachen Zustand, den Blick aufs große Balkonfenster gerichtet, an dem die Tages- und Jahreszeiten vorüberglitten. Wunderbare Herbstmorgen über dem See. An Föhntagen die Sicht aufs Gebirge. Das Wandern der Sonne. Das Erscheinen der schmalen Mondsichel. Ihr Wachsen. Vollmond. Wieder abnehmend ... Das Jagen der Wolken. Das Gitter der rosa gefärbten Kondensstreifen

der Flugzeuge. Die Möwenschwärme vom See herauf. Das Flirren des Lichts in den goldenen Laubbäumen. Das Zittern der welken Birkenblätter, wenn der Wind an ihnen zerrte. Später ihr sanftes Fallen. Ergeben in ihr Schicksal. Beispielhaft. Beim ersten Ausgang in den Klinikpark: an den leergefegten Sträuchern die winzigen Knospen schon, die die Blätter fürs neue Jahr umschließen. Sterben und Leben, der ewige Wechsel. Die Frage: was starb denn da? Doch nicht der Baum, nicht einmal ein Ast oder Zweig, nur welke Blätter, die ihr Leben hinter sich haben. Voll gelebtes Leben, das sie weitergeben an die feuchte Erde und zurück an den Baum, von dem sie fielen. Das Leben, das weitergeht.

Ein Trost? Ja und nein. Nein, weil doch das einzelne Blatt kein Bewußtsein von seinem Schicksal hat. Es lebt, es grünt, es empfängt die Sonnenkraft, gibt sie weiter an seinen Baum, es wird golden, es wird müde, es fällt ab ohne jede Frage nach dem Warum.

Je später es im Herbst wurde, desto mehr kamen die Nebel. An manchen Tagen blieb der See bedeckt von einer dichten Schicht grauer Watte; an andern Tagen riß der Nebel plötzlich auf, und die Sonne kam strahlend durch.

Als ich schon mit Krücken gehen konnte, fuhr ich mit dem Lift in den obersten Stock mit der Glasveranda: die wunderbare Aussicht, bei Föhn vom Dachstein bis übers Karwendel zur Zugspitze und weiter bis ins Allgäu.

Ein bitterer Schmerz zu denken: auf vielen dieser Gipfel war ich und werde es nie mehr sein. Nie mehr. Nimmermehr. Wie so vieles. Nie mehr den Staffelsee durchschwimmen. Nie mehr mit dem Auto an einem Tag von Rom nach München fahren. Nie mehr allein und leidenschaftlich tanzen das, was ich für Flamenco hielt, ehe ich

echten Flamenco in Andalusien erlebte. Nie mehr große Reisen machen. Nie mehr den Himalaya sehen. Nie mehr aus dem Vollen leben. Alt sein …
Aber ich kann doch noch so vieles: gehen ohne Krücken (fast ein Wunder), nach Rom heimfliegen (in einiger Zeit), schreiben, mit Besuchern reden, Musik hören, lesen, meditieren … Ist das nichts? Für eine so lebhafte Person wie mich ists wenig, es ist nicht das, was ich brauche oder zu brauchen glaube. Vielleicht aber sollte das die Lehre sein, die ich aus meinem Unfall ziehen muß? Das Wenig-Tun, das Geschehen-Lassen, das Herausgehen aus allem »Betrieb«? Das Fast-nichts-mehr-Brauchen? Die große Verarmung, die Einübung in den Tod?

Als ich gestern dies schrieb, kam durch die offene Balkontür ein später Schmetterling, ein Pfauenauge. Wir haben den 5. Dezember. Eine fast sommerliche Wärme. »Du irrst dich«, sagte ich zu dem Falter, »es ist Winter. Bleib hier drinnen! Draußen erfrierst du.« Er bleibt nicht. Er flattert tanzend hinaus, wähnend, es sei Sommer. Er wird erfrieren. Oder vielleicht doch nicht. Vielleicht überwintert er in den Sträuchern auf meiner Terrasse. So oder so: er lebt sein Schicksal. Auf jeden Fall ist er jetzt noch glücklich. Er denkt nicht, er lebt.
Etwas, das ich gelernt habe in diesen Monaten: nicht vorausdenken. »Sorget euch nicht um den morgigen Tag.« Heute ist heute. Ich habe nichts zu tun als hier zu liegen und zu warten, daß der Knochen heilt.
Was für ein geheimnisvoller Vorgang: da bildet sich von selbst neue Knochensubstanz. Ich sah das Röntgenbild. Was für eine Kraft ist das, die da schöpferisch-heilend am

Werke ist? Ich kann nichts tun als diese geheime stille Kraft wirken lassen. Geduld. Geduld ...

Mir fällt ein Vers von Verlaine ein:

Dulden, dulden, geduldeN
Dulden unter dem Blau
Was wir dem Warten verschulden
Macht uns das Reifen genau.

So ungefähr heißt es. Dulden, warten ... Schwer zu lernen. Scherzhaftes Gebet einer Krankenschwester in der Klinik: »Gott, gib mir Geduld, aber sofort.«

Stunde der Rebellion gegen das »Gott« genannte Wesen. Gibt es so jemanden? Gab es so jemanden jemals? Wenn ja: wohin hat er sich zurückgezogen? Hat er sich zurückgenommen? Ist er des Liebes-Spiels mit seiner Schöpfung müde? War er wirklich einmal da? Als eine »Wirklichkeit«? Oder hat die Menschheit sich so ein Wesen erdacht? (Die Feuerbachsche These, und nicht nur seine.) Ist er das Produkt der Sehnsucht der Natur nach einem Lieben und Geliebten? Blieb diese Sehnsucht unerfüllt? Oder war er wirklich einmal da und hat sich dann, enttäuscht von seiner eigenen Schöpfung, entwerden lassen, sich und uns zurückstoßend in die eisige, schwarz brennende Ur-Nacht? Oder war er eine Phase der Evolution? Sollen wir uns einen neuen Gott schaffen, einen Gott nach unseren heutigen Bedürfnissen? Liegen wir in den Geburtswehen mit diesem neuen Gott, der erst *wird*? Bekommen unsere Adventlieder einen neuen Sinn? Oder sind dies alles Gedanken einer Wahnwitzigen?

Die neue Situation. Wieder in meiner Münchner Wohnung. Nach vier Monaten. Seltsam fremd. Das Klinikzimmer war mir vertrauter. Zum Nest geworden. Ist dies

hier mein Heim, meine Heimat? Wo ist meine Heimat? Doch in Rocca, in Italien? Auch nicht mehr. Also heimatlos?
Der Titel eines meiner Tagebücher: ›Wir Heimatlosen.‹ Wir Nomaden. Wir Wanderer. Auswanderer. Einwanderer. Vertriebene. Irgendwo Land nehmend und hausend für eine Weile. Herausgefallen aus allen Nestern: der Familie, dem eigenen Stamm, dem Volk. Fremdarbeiter. Gastarbeiter. Gäste, widerwillig geduldet von Leuten, die selber auch nur Gäste sind. Herausgefallen auch aus dem Nest der Ideologien, die einem Halt geben konnten: Marxismus, Sozialismus, Religion, ja, auch Religion. Was ist mit fernöstlichen Religionen? Mit dem Buddhismus, dem Hinduismus? Sind sie tragfähig?
Ich weiß es nicht. Ich weiß gar nichts mehr.
S., der Hochgelehrte, sagt, er wisse auch nichts, und er frage nicht mehr, er lebe.
Ist auch für mich die Zeit des Fragens und vermeintlichen Wissens vorbei? Frage ich den Baum, wer er ist, wer ihn schuf, wie er lebt? Ich schaue ihn an, er ist DA, er antwortet durch sein Da-Sein. Er sagt sich aus durch sein Dasein und sein Sosein, und so wird er von allen Menschen und allen Mitgeschöpfen verstanden. Er ist, der er ist. Folgerung: Ich bin, die ich bin. Nicht weiterfragen. Es führt zu nichts.
Ein grauer kalter Tag. Ich sollte ein wenig gehen im Freien, aber ich darf noch nicht allein gehen. Also bleibe ich in der Wohnung. Sie wird mir zu eng. Ein Gefängnis, so hübsch sie ist. Je mehr ich mich erhole, um so schwerer fällt mir das Eingesperrtsein. Ich laufe im Zimmer hin und her. Das Tier im Zoo-Käfig. Freilich kann ich »hinaus«, auf den Wandelgang, der längs der Wohnungen im dritten Stock entlangführt. Ja, das kann ich. Aber ... Kein Aber. Ich kann gehen,

auf eigenen Füßen, ohne Krücken, ist das (vorerst) nicht genug, mehr als zu hoffen war bei der Schwere meiner Operationen?
Wie viele können das nicht?
Was ich gelernt habe in diesen Monaten: das wahre Mitgefühl mit Kranken und Behinderten.
Gestern sah ich im Fernsehen bulgarische Kinder in einem armseligen Krankenhaus. Ein Kind schaut in die Kamera. Ein mageres altes Gesicht mit übergroßen dunklen Augen. So schaut es uns an. So schauen uns viele an. So schaut uns der Mitmensch an, und jeder stellt dieselbe Frage: Warum hilfst du mir nicht? Und: Warum leide ich und dir gehts gut? Warum, warum ...
Die Grundfrage: Warum liebst du mich nicht?
In der Fernsehsendung trat »Gorbi« auf mit Raissa. Gorbatschow und seine Frau. Da ist er wieder, als Präsident des »Grünen Kreuzes«, einer Vereinigung für Umwelt und Frieden. Als er damals so brutal entmachtet wurde, sagte ich: »Der kommt wieder, in irgendeiner Funktion, in der er wichtiger ist, als wenn er sowjetischer Politiker bliebe.« Nun, da ist er wieder, und er kämpft auf andere Art für Völkerversöhnung, er gibt Mut. Die Sendung erfreute mich nicht nur um seinetwillen. Es war eine Show mit dem Zweck, Gelder zu sammeln fürs »Grüne Kreuz«, für die Kinder der Erde und ihre Zukunft. Man konnte beim Sender anrufen und eine Spende zusagen. Zwischenbilanz: drei Millionen Mark (später fünf).
Die Sendung war für mich wichtig: sie zeigte mir (ich erschrak!), wie sehr und wie lange ich in mich und meine Krankheit eingesponnen gewesen war. Sie öffnete mir von neuem die Tür zur Welt.
Ich erkannte die große Gefahr des Krankseins: die Be-

schränkung des Lebens auf die eigene leidende Person. Nichts sonst scheint Realität zu haben als eben das eigene Krank-Sein. Weg davon! Hin zur Welt, zu den andern, zu allen, zu allem.

10. 12. Der Schmetterling (das Pfauenauge) ist wieder da. Ich öffne ihm die Balkontür. Will er nicht hinaus? Ich fasse behutsam nach ihm, will ihm (ihn lose in der leicht geschlossenen Hand haltend) ins Freie verhelfen, er will nicht hinaus. Nun gut: soll er mein Wintergefährte sein, wenn er es so wünscht. Jetzt sitzt er auf meinem Schreibtisch, genau auf dem Wort »Baum«. Ist das Wort auch das Ding, das es bezeichnet? Ist der »geschriebene« Baum ein Baum? Der Falter sitzt regungslos einen halben Meter von mir entfernt. Sucht er meine Wärme? Saß nicht zu ebenso winterlicher Zeit ein Falter auf Stephans Grabstein? Verkörpert sich Stephan in einem – diesem – Schmetterling? Er breitet seine Flügel aus, er bewegt sie wie zur Antwort. Schon einmal verlebte ich einen Winter mit einem Flügelwesen: einer Fliege, die durchaus bei mir in meinem Arbeitszimmer in Rocca den Winter verbringen wollte. Ich erinnere mich lebhaft meiner verzweifelten Suche nach ihr, als sie plötzlich verschwunden war. Ich werde meinem Falter ein Tellerchen mit einem Tropfen Honig ans Fenster stellen.

Die kranken Seelen. S. erzählt mir von einer Frau, welche eine Krankheit hat, die absonderlich erscheint und doch weit verbreitet ist: die Kaufsucht. Die Frau kann an keinem Geschäft vorbeigehen, ohne etwas zu kaufen.

Wieviele solche Neurotiker oder Psychopathen gibt es? Sind wir nicht alle solche Süchtige?
Und wo steckt die Wurzel? Was eigentlich will man kaufen? Nicht dies oder jenes, sondern: das Glück, die Sinn-Erfüllung. Man will die innere Leere ausfüllen mit käuflichen Dingen.
Warum verschenken diese Leute ihr Geld nicht an Arme? Würde damit ihre Leere nicht gefüllt? Aber eben das können sie nicht: schenken. Sie wollen haben, nichts als haben. Was für eine böse Illusion. Eine echte Krankheit. Eine Form von Süchtigkeit, so schwierig zu heilen wie jede Drogensucht. Die Ware als Droge. Das Kaufen als Droge. Armselige Leute. Wie sie mich dauern.

11.12. Melancholischer Tag. Immer wieder kommt mir Goethes Gedicht ›An den Mond‹ in den Sinn:

Ich besaß es doch einmal,
Was so köstlich ist!
Daß man doch zu seiner Qual
Nimmer es vergißt!

Was denn besaß und verlor er, der große Alte? Was beklagt er? Die Vergänglichkeit. »So verrauschte Scherz und Kuß und die Treue so . . .« Habe ich etwas Vergangenes zu beklagen? O ja. Aber ist es nicht gut, daß es Vergängliches gibt? Das Vergehende macht Platz dem Neuen.

Was ist »Seelenführung«? Ist Psychotherapie Seelenführung? Wenn der Therapeut weiß, wohin er die »Seele« führen soll, dann ja. Wenn er selber ein »Ziel« hat. Wenn er an ein Ziel, an einen Sinn seines Führens glaubt.

Wenn er selber ein Geführter ist, geführt vom Geist. Wenn es ihm nicht simpel um die Heilung oder Aufhellung einer Neurose geht, sondern um das Weiter-Führen hin zu der Erkenntnis – ja, zu welcher Erkenntnis? Daß man kein einzelner ist, der durch eine Individual-Therapie geheilt wird, sondern eins im Ganzen. Anders gesagt: daß man »religiös« wird und das Göttliche in allem sieht, hört, schmeckt.

Das fiel mir ein, als mir eine Frau klagte, sie gehe schon jahrelang zu einem Therapeuten, fühle aber keine Besserung ihres neurotischen Zustandes. Sie selbst habe den Eindruck, in einer latenten religiösen Krise zu leben, ohne zu begreifen, worin diese eigentlich bestehe, denn an Gott glaube sie nicht, und die Kirche sei ihr fremd, und was Religion sei, wisse sie nicht, und dennoch müsse ihre Neurose mit alledem zu tun haben. Im Laufe des Gesprächs kamen wir zum Thema Liebe. Sie habe eine große Enttäuschung erlebt und lehne jetzt jede Liebesbeziehung ab. Sie liebe die Menschen nicht mehr.

Da haben wir die Wurzel ihrer »religiösen« Krise: den Mangel an Vertrauen und Liebe. »Religion ist Liebe«, sage ich zu ihr, und dabei geht mir selber wie ein Blitz auf, daß der Therapeut (den ich kenne) kein Liebender ist, also areligiös. Er wird sie nie heilen können und nicht wissen, daß er selber wiederum einer Analyse bedürfte, die seine tote Liebesfähigkeit erweckte. Ein Blinder will eine Halb-Blinde führen.

Da fällt mir etwas ein, was ich vor Monaten (vor meinem Unfall) gesehen habe bei einem Gang am Kanal entlang.

Eine Frau führt einen mittelgroßen Hund an der Leine. Er läuft brav neben ihr. Plötzlich bockt er und tut, als gehe ihn seine Herrin gar nichts an. Er bleibt einfach stehen. Ein kurzes Anziehen der Leine bringt ihn zum Weiterlaufen, aber er läuft nicht lange, sondern setzt sich mitten auf den Weg und schaut seine Herrin klagend an. Der Ausdruck ist deutlich. Vielleicht tut ihm eine Pfote weh, oder das Halsband ist zu eng. Die Herrin reagiert klug, sie macht die Leine so lang wie möglich, so daß er sich frei fühlen kann. Er steht auf, macht einige Schritte und kehrt wieder zurück, wedelt und bedeutet seiner Herrin, weiterzugehen. Später traf ich die beiden wieder. Die Frau saß auf einer Anlagenbank, der Hund vor ihr, den Kopf auf ihre Knie gelegt, sie saßen Aug in Auge in tiefer Harmonie. Das also ist Seelenführung.

Demut. Mein Klinikarzt, der Chirurg Dr. Garbe, gab mir eines Abends ein Blatt Papier mit einem Spruch von Angelus Silesius:

Ich bin so groß als Gott
Er ist als ich so klein
Er kann nicht über mir
Ich unter ihm nicht sein.

Und darunter die Bibelstelle:

Gott schuf den Menschen ihm zum Bilde.

Unter den Ärzten finden sich nicht nur viele Musiker, sondern auch Philosophen. Auch Chirurgen sind heute nicht einfach mehr »Handwerker«, sondern Menschen, denen die materialistische Schulmedizin nicht mehr auf ihre brennenden Fragen antwortet. Ich habe während meiner Klinik-Monate mehrere Ärzte getroffen, die ein Gespräch mit mir suchten in der Annahme, ich »wisse mehr«. Schöne Gespräche am Krankenbett, Gespräche über alternative Medizin und über die Sinn-Frage.
Als ob ich mehr wüßte ...

Aber eines begriff ich, was ich einmal notiert habe aus einem Aufsatz von Martin Buber (der Zettel fällt mir aus einem Buch entgegen): »Wir begegnen einander, also bin ich.« Nicht das Descartes'sche *Cogito ergo sum*, sondern die Begegnung mit einem andern beweist mir meine Existenz, die physische und die metaphysische.
Ich sehe, daß Buber selber zitierte. So ist er ein Glied in der Kette derer, die uns Antworten zu geben versuchen auf die Frage: Wer bin ich? Bin ich überhaupt? Warum bin ich, warum bin ich nicht nicht, und warum bin ich nicht ein anderer?

Schlafen. To sleep, to sleep... Aber was für Träume kämen ... Grauer Tag. Mir gehts nicht gut. Zwei Operationen sind nicht folgenlos. Ich möchte in Winterschlaf sinken. Zwei schwarze Vögel durchschneiden das Grau über den Dächern. Alle Fenster der Nebenhäuser sind dunkel. Die Leute sind in der Arbeit. Ihre Wohnungen sind unbelebt. Ein einziges Fenster ist erhellt. Immerhin.
Und S. sagt mir, er brauche mich. Die Leute brauchen mich. Ist das ein Trost? Ich bin nicht verzweifelt, ich bin nur müde, unendlich müde. Ich sehne mich nach der römischen Sonne. Ich kann noch nicht reisen. Will noch nicht. Aber die Sehnsucht frißt an mir.
Mein Schmetterling am Fenster schlägt mit den Flügeln. Er will hinaus und will hier drinnen bleiben. Meine Seele in diesem Falter. Meine Wohnung ist unsere Zuflucht.

12.12. Mein Schmetterling ist gestorben. Ich trage ihn auf die Terrasse und lege ihn in das winterblühende Strauchwerk. Da mag er den Sommer erträumen.

Mir tut es weh, daß er starb. Als trüge ich die Schuld. Ich fühle, daß wir alle die Verantwortung haben für alles, was geschieht. Alles ist mit allem verbunden. Alles Schicksal ist vernetzt.
Aber ist mein Falter tot? Was geschieht mit ihm? Er wird nicht zu Nichts. Er verwandelt sich. Was sich wandeln kann, lebt. Alles ist in unaufhörlicher Wandlung. Manchmal scheint mir, ich könne die Millionen *sounds* hören, welche die Bewegung der Materie in ihren unfaßbar vielen Formen verursacht. Ein wundervoller Chor mit dem Text: Wir leben, wir sind!

Der treue Beschützer oder: Eine Liebesgeschichte. Vor vielen Jahren schenkte mir C. F. von Weizsäcker ein Blatt aus einem Buch: das Foto eines weißhaarigen, weißbärtigen Inders: Sri Ramana Maharshi, des Heiligen aus Arunachala. Ein wunderbares Gesicht mit Augen voll strahlender Liebe und einem bezaubernden Lächeln. Der Heilige schaute mich an, ich schaute ihn an, das Bild war immer in meiner Nähe, es reiste auch mit mir. Eines Tages war es verschwunden. Ich suchte und suchte, es war verloren. Nach einigen Jahren lag es plötzlich in meiner Schreibtischschublade. Wieder begleitete es mich überallhin, und wieder war es plötzlich verschwunden, und wieder fand es sich ein, plötzlich, ohne daß ich es suchte. Und so einige Male. Bis voriges Jahr. Ich hatte keine Hoffnung, es wiederzufinden. Im Gespräch mit N. Sch. komme ich auf den Weisen aus Indien. N. sagt, er habe ein Buch über ihn, er schicke es mir. Und er schickte auch ein kleines Bild von ihm, in Farbe, genau jenes, das ich, in Schwarz-Weiß, besessen und verloren hatte. Ich nahm's mit in die Klinik und fand es dann

nicht mehr. Heute fiel es, aus einem andern Buch, mir entgegen. Da hängt es nun, tröstlich, Glück verheißend. Welche Treue eines Geistwesens.
Eben, auf der Suche nach dem Buch mit der Geschichte über Krishnas Geburt, fällt mir ein anderes Bild des Maharshi entgegen: ein Buchzeichen mit Texten von ihm in Englisch. »The Self is only Being, not being this or that. It is simply Being. Be! – and there is an end of ignorance ...« Und: »God, Guru and Self are identical ... You and I are the same. Throw your worries to the wind ... and find Peace ...« Und: »Happiness is inborn in the true Self ...«

Zeiten-Wende. Z., der Pole, Physiotherapeut von Beruf, kommt von seiner Polenreise zurück und berichtet, daß die Kirchen voller Menschen seien, und nicht etwa von alten und kranken, sondern von jungen und gesunden.
Er erzählt mir auch die Geschichte von Nova Huta: Während der kommunistischen Ära baute man für die Industriearbeiter eine große Siedlung. Ohne Kirche. Die Arbeiter stellten in der Mitte des Hauptplatzes ein Kreuz auf. Es wurde umgehend entfernt. Die Arbeiter stellten ein neues auf. Wieder wurde es entfernt. Der Platz wurde bewacht – von der Polizei und von Arbeitern. Das Kreuz wurde wieder aufgestellt. Es muß eine geheime Übereinkunft zwischen Arbeitern, Polizei und Militär gegeben haben. Das Kreuz blieb. Und eine Kirche wurde gebaut; sie ist immer voller Beter.
Warum gab es in Deutschland keinen solchen Widerstand unter Hitler, als man alle Kreuze aus den Schulen entfernen mußte? Weil wir feige waren. Weil wir uneinig waren. Weil wir atheistisch waren. Weil ... ja, warum? Weil wir kein Volk des Widerstandes sind, sondern ein Volk der Anpas-

sung. Aber muß das so bleiben? Warum ist die 68er-Revolte der Jugend versandet? Warum haben wir anpasserische politische Führer? Was ist denn mit uns Deutschen los?

Adventlieder. Im Radio Lieder aus spanisch sprechenden Ländern. Schöne Lieder. Warum rühren sie mich nicht an? Weil sie so sehr geschönt sind. So sehr fürs Radio-Konzert zurechtgemacht. Auch unsere »Volks-Sänger« sind konzertreif gedrillt. Schade.

Kinder-Bischöfe. Im Fernsehen eine seltsame Sendung: »Die Kinderbischöfe von St. Pauli.« Kinder als Bischöfe verkleidet. Mit Stab und Mitra. Ein Gottesdienst der evangelischen Kirche. Die Kinder sagen, was Kinder zu sagen haben: ihre Klagen, ihre Wünsche, ihre Fürbitten für Kinder, ihre Gebete. Die Leitung hat eine »Bischöfin«, sie ist kein Kind. Zum Schluß beten alle zusammen das Vaterunser. Die Feier hätte mich eigentlich zu Tränen rühren müssen. Sie tat es nicht. Warum? Weil sie so »inszeniert« war und – pardon – so protestantisch kühl und trocken.
Ich wünsche mir für nächstes Weihnachten eine Feier mit Kindern aller Religionen. Spontane Ausrufe von Kindern, Hilferufe, nicht einstudiert. Das geht doch. Wir Erwachsenen formulieren unsere »Fürbitten« auch spontan.
Ist es nicht eine Nacht der Kinder? Des Kindes? Der neuen Generation? Eine Nacht der Hoffnung auf das Erscheinen des Kindes, des kindlichen Gottes, der immer neu geboren wird. Eine Nacht des Symbols des Friedens. Könnte man nicht ganz realistisch-politisch einen Bosnier und einen Serben sich die Hände reichen lassen? Einen Inder und

einen Tamilen? Einen Tibeter und einen Chinesen? Einen Moslem und einen europäischen Christen, einen Israeli und einen Palästinenser? Untertitel: Warum macht Ihr Erwachsenen es nicht auch so? Würde den Zuschauern nicht klar, wie viele Völker der Welt verfeindet sind? Mörder, potentielle Kriegsverbrecher. Und daß es die Kinder dieser vielen Völker sind, die als Opfer leiden und sterben? Müßte nicht eine hohe Welle des Friedenswillens überspringen von diesen Kindern auf die Zuschauer? Und könnten sich nicht auch die erwachsenen »Feinde« die Hände reichen? Auch die führenden Politiker – aber spontan, nicht für die Pressefotografen? Gäbe es nicht eine Friedenskette rund um unseren Planeten? Und, uns nicht sichtbar, die Kette der Geistwesen, der Engel, als ihr Anführer jener, der in Bethlehem den Frieden verkündete allen, die guten Willens sind.

Mein Traum. Meine große Utopie.

Oder werden immer Kriege sein? Immer, immer – als *conditio humana*? Wird es immer umkämpfte Grenzen geben?

Jene Kinder, als Bischöfe gekleidet – werden sie als Erwachsene Frieden stiften zumindest zwischen den Religionen? Oder werden sie sich an ihre Politiker anpassen, wie es ja schon einmal war vor nicht langer Zeit?

Meine Hoffnung ist eine angefochtene, aber sie lebt.

Heim-kehr ins Un-heimliche. Jetzt, im kalten Winter, schicken wir die Bosnier heim (nicht alle, aber viele). Was finden sie daheim? Kein Heim. Keine Heimat. Die ist, so und so, zerstört. Die Häuser Ruinen, und die noch bewohnbaren bewohnt von den Siegern, den Serben.

Eine Szene im Fernsehen: Rückkehrer aus Deutschland stehen vor ihrem Haus, das nicht mehr das ihre ist. Auf dem Balkon hängt Wäsche, die einmal die ihre war, aber nun den Serben gehört. Die Küche, in der jetzt die Serben kochen in bosnischen Töpfen. Eine alte Serbin, die (so sagt die deutsche Reporterin, die mit dem Kameramann die heimkehrenden Bosnier begleitet) keine Spur von Mitleid oder schlechtem Gewissen zeigt, lacht in die Kamera: sie ist daheim. Mögen die Bosnier sehen, wo sie unterkommen.
Sie finden keine Herberge ...
Wäre es Frühling oder Sommer, könnten sie beginnen, sich ein Behelfsheim aufzubauen. Aber jetzt, im bitterkalten Winter?
Erinnerung: Als ich 1942 aus Schlesien fort mußte, weil ich dort als »Evakuierte« aus Rostock nicht mehr wohlgelitten war, fand ich in meiner oberbayerischen Heimat keine Wohnung, nur eine Dachkammer im Haus meiner Eltern, das von anderen Evakuierten bewohnt war. Tag für Tag fuhr ich mit dem Rad durch die Gegend, ein Zimmer für mich und meine beiden kleinen Kinder suchend. Was ich endlich fand: das lang nicht bewohnte einsame Waldhäuschen mit den schimmelfeuchten Wänden. Und das war ein Glück. Die in den Städten wohnten, fanden Ruinen, an denen Tafeln hingen: »Vorsicht! Einsturzgefahr!« Als ich dann nach Kriegsende (1948) in München eine Unterkunft fand (als von den Nazis Verfolgte privilegiert), wars eine bombengeschädigte Wohnung, aber immerhin bewohnbar. Aber sonst – wie stand es mit unserer Stadt? Nicht sehr verschieden von den bosnischen Städten. Und der Hunger und die Kälte waren die gleichen. Und in den heilen Häusern wohnten die Sieger, Amerikaner. In Thomas Manns schönem Münchner Haus wohnten sie. In allen bewohn-

baren schönen Häusern wohnten die Sieger, die Besiegten hausten in den Ruinen. So ist das. So ist es überall und immer, wo es Sieger und Besiegte gibt, Vertriebene und Vertreiber, Gewinner und Verlierer. Und oft dreht sich das Rad: die Sieger werden zu Besiegten, und Rache ist süß und ist das Aller-Natürlichste. Die Sieger lehnen sich aus den Fenstern der Häuser, die nicht die ihren sind, und fühlen sich im Recht. Keine Spur von Mitgefühl. So ist der Mensch.
Ist er so?

Heiligabend 1996. Wie ich's gern hätte: zusammen mit vielen Menschen um einen Lichterbaum. Oder aber allein, meditativ, daheim in Italien, in meinem schönen Garten, wo ich mit den Bäumen reden könnte, die in dieser heiligen Nacht die Sprache der Menschen verstehen, die Sprache der Liebe, die Liebes-Berührung, und die antworten mit dem lautlosen Fließen der Säfte, ganz innen stammaufwärts. Und dunkel müßte es sein, kein Vollmond wie dieses Jahr, und keine Beleuchtung längs der Dachauer Straße, und ich müßte um Mitternacht in die Christmette gehen, in all das strahlende Licht, eins mit der Menge der Gläubigen, getröstet vom Geist der Neugeburt des Erlösers – oder daheim beim Klang guter Musik, ein wenig heimwehkrank nach Unnennbarem, nach der eigenen Kindheit vielleicht, nach dem mythischen Glauben an ein göttliches Kind, nach Frieden auf Erden und in mir ...
Und wie war's dieses Mal?
Wo war ich? Wo bin ich? Heimatlos in meiner Münchner Heimat. Weit weg von meinem Haus, meinem Garten in Italien, weit von der südlichen Sonne, weit weg von meinen

lieben Nachbarn. Nie vorher habe ich gefühlt, wie tief ich Wurzeln gefaßt habe in fremdem Land. Dieses Jahr aber spüre ich's, denn ich kann nicht dort sein. Vier Monate Klinik in Deutschland. Noch nicht eigentlich reisefähig. Gebunden an die andere Heimat, die doch, als meine angeborene, die eigentliche wäre. Aber 37 Jahre Italien... Und hier in München, die kleine Wohnung, ein Nest, das wohl, sogar eine Dachterrasse, ein paar Bäumchen, doch kein Garten, keine »Mutter Pinie«, keine Magnolien, keine einzige Rose (in meinem Garten blühen immer einige das ganze Jahr über), keine Nachbarskatzen und Nachbarshunde, meine eigenen längst gestorben und im Garten begraben. Freilich: auch hier bin ich nicht tierlos, die große schwarze Amsel besucht mich täglich mehrmals, sitzt im Gebälk über der Terrasse, sucht Geborgenheit in einer Nische, sitzt da regungslos und satt (ich habe sie mit Fleischbröckchen gefüttert), und in ihr, dem *einen* Tier, liebe ich alle Tiere, ich liebe sie und suche Trost bei ihnen, bei nahem Lebenden. Über den grauen Himmel flitzen die Möwen, sie kommen vom Olympia-Park und durchschneiden scharf das schneeschwangere Grau, bisweilen kommen sie in ungeordneten Scharen, bisweilen zu Paaren, manchmal schrill schreiend. Vom kleinen Kanal, der am Haus vorbeifließt, kommen die Rufe der wilden Enten, die ein Hund aufgestöbert hat. Mich macht jedes Zeichen von Leben glücklich. Denn ich bin allein. Jetzt. Nur jetzt. Vorher war S. da, tröstlich-schöner Besuch, und dann kam Christoph mit Sohn Daniel, und als sie gegangen waren, kam die Musik. Freilich: ich habe nie vorher einen solchen geballten Wust von Kitsch gehört. Wenn's nur Volksmusik gewesen wäre, gesungen von Naturstimmen. Aber es waren Schnulzen, wie sie die Spießer lieben (»Leise rieselt der Schnee ...«), und die alten Volks-

lieder wurden gesungen von Stimmen, die entweder ausgebildet waren oder opernmäßig zu klingen sich abmühten. Was für eine dekadente Kultur.
Ein einziger Lichtblick: das Konzert, das der Bayerische Rundfunk aus der Wieskirche übertrug, mit Barbara Hendricks, dem berühmten Opernstar, die aber gar nicht opernmäßig sang, sondern mit schlichter Frömmigkeit, eine große Leistung der Sängerin, sich so zurückzunehmen, einzig das Werk zu Wort, zu Klang kommen zu lassen. Das war das Geschenk des Heiligen Abends für mich.

Kein Traum. Das Telefon klingelt. Ich hebe den Hörer ab. Niemand antwortet. Aber doch, jetzt: ein Kind, ein Kleinkind, ein Baby weint. Ich warte eine Weile. Das Baby weint weiter. Es weint mit kleinen Schluchzern. Warum tröstet es niemand? Endlich legt jemand wortlos den Hörer auf. Habe ich das Welten-Kind gehört? Habe ich alle Kinder der Erde weinen hören? Das Weinen schnitt mir ins Herz. Ich konnte das Kind nicht trösten. Und ich verstehe nicht, was mir geschehen ist. Unvergeßlich.

1997

Brief an einen Atheisten. Sie schreiben, Sie könnten nicht verstehen, wie ich, eine gescheite, philosophisch denkende, moderne Frau, an »Gott« glauben könne. Das sei doch eine unwürdig kindliche Vorstellung und zudem in schroffem Gegensatz zu meiner feministischen Weltsicht. Sie selbst, schreiben Sie, seien Atheist geworden, und Sie fühlten sich viel besser, seit Sie die alte Last der religiösen Erziehung abgeworfen haben.

Nun: wenn ich Ihnen nun sage, daß Ihr Brief eine Provokation ist und eigentlich eine einzige Frage: »Habe ich recht getan, Gott über Bord geworfen zu haben? Warum werfen Sie diese Last nicht ab?«

Meine Frage an Sie: Woher wissen Sie, daß Religion für mich eine Last ist? Aber zuerst zu einer anderen Frage: Was verstehen Sie unter Religion?

Da Sie Naturwissenschaftler sind, zitiere ich Albert Einstein: »To be religious is to have found an answer to the question what is the meaning of life.« So ähnlich sagt es auch der Philosoph Wittgenstein: »An Gott glauben heißt sehen, daß das Leben einen Sinn hat.«

Sie sehen schon an diesen wenigen Sätzen, daß es da eine Unklarheit gibt: religiös sein und an Gott glauben ist nicht dasselbe. Schon die Formulierung deutet die Verschiedenheit an: religiös *sein* meint eine existentielle Grundstimmung, eine Geneigtheit, eine höhere Seins-Ebene als die menschliche anzuerkennen. Das heißt nicht, an ein höheres Wesen zu glauben, und schon gar nicht an eine göttliche Person, real existierend, wenn auch in anderem Seinszustand. »An Gott glauben« dagegen ist aktives Bekenntnis:

so unvorstellbar dieser Gott auch ist, ihn als lebendige, unser Dasein und das Dasein unseres Sonnensystems und des Welt-Ganzen beeinflussende Wirklichkeit zu verehren.

So oder so gedeutet, heißt die Frage: Hat denn alles einen Sinn? Einstein meint, ebenso wie Wittgenstein, daß die Antwort auf die Sinnfrage der Glaube an einen tatsächlich bestehenden Sinn sei.

Aber welcher »Sinn« ist da gemeint?

Weder Einstein noch Wittgenstein sind Theologen. Ein Theologe wäre mit ihren Antworten nicht zufrieden. Er verlangt nach einem »Gott«, auf den hin alles bezogen ist, weil alles von ihm kommt und von ihm bewegt und gelenkt wird. Für den Theologen scheinen die übrigen Antworten vage. Er begnügt sich nicht mit dem Begriff »Sinn«, er will einen Sinn-Geber, der kein Mensch, aber dem Menschen ein Du ist. Religion ist ihm wesentlich Dialog mit – ja mit wem? Da sind wir wieder bei der Kernfrage, das heißt bei *Ihrer* Kernfrage nach »Religion«.

Für mich (die Sie für eine Theistin halten, für einen Menschen, der an einen persönlichen Gott glaubt) genügt Ihr Begriff von Religion nicht. Ich brauche Religion, ja, das wohl, aber wo ist in meiner Lebensstruktur »Gott«? Er ist überall und alles.

Eben flog eine Amsel auf meinen verschneiten Terrassen-Balkon. Wir waren wenige Meter voneinander entfernt. Wir schauten uns an. Und da wußte ich: Was mich so anschaut, das ist Gott. Er ist in jedem Wesen. »Er« – das meint natürlich nicht ein männlich-patriarchales Er. Es meint das Ganze des ER–SIE–ES, das ALLES, das EINE.

Das ist ein Wort, das Ihnen suspekt ist, sei es, daß es Ihnen auf eine »Person« zielend erscheint, sei es, daß es völlig unbestimmt ist, also im Grunde gar nicht vorhanden und schon gar nicht relevant. Also sagen Sie: Weg damit. Die alte Last abwerfen.

Sie haben sie abgeworfen, sagen Sie. Und jetzt ist Ihnen leichter. Wirklich? Warum stellen Sie mir überhaupt eine Frage, Ihre abgeworfene Last betreffend? Warum ist es denn noch eine Frage, die fragenswert ist? Ist es nicht vielleicht eine Last, die gar nicht wirklich abgeworfene Last weiterhin zu spüren?

Ich gebe Ihnen keine echte Antwort auf Ihre Frage, denn ich weiß keine – denn es gibt keine.

Für mich ists keine Last, einen Dialog zu führen – mit einem numinosen Wesen, das ich selber bin. Denn das »Gott« Genannte ist in mir selbst.

Im übrigen glaube ich Ihnen nicht, daß Sie »Atheist« sind. Ein echter Atheist kennt keine Frage nach einem Gott und einem von diesem Gott abhängigen Sinn. Er ignoriert die Frage – sie stellt sich ihm nicht. Aber sie stellt sich auch einem »Gott-Gläubigen« nicht. Beide leben *ihren* Glauben.

Sie sind (pardon: Sie waren) Sozialist in der Nachfolge von Marx und Lenin. Sie hatten einen lebendigen Glauben an den Sinn des Marxschen Fortschritts. Sie glaubten so fest, wie ein guter Katholik seine Dogmen glaubt und seine Moral lebt.

Nun: warfen Sie diese Last ab? Ich hoffe nicht. Ich glaube weiterhin an den Sozialismus und an einen Fortschritt, freilich interpretiere ich beides anders.

Man muß nicht etwas verleugnen, woran man lange glaubte. Man muß es nur von Zeit zu Zeit neu interpretieren. Sozialismus muß es weiterhin geben, und Fortschritt gibt es auch weiterhin, so hoffe ich. Aber für mich ist Fort-

schritt nicht technischer Fortschritt, sondern fortschreitendes Bewußtsein, auch im Sinn des sozialen Gewissens. Und das ist religiöser Natur, denn es bedeutet: sich mit allen EINS zu fühlen, also: dasselbe in allen gleicherweise zu erkennen, nämlich das, was den Menschen zum Menschen erhebt: das Göttliche, und dieses Gemeinsam-Göttliche zu respektieren und für seine Höher-Entwicklung zu sorgen. Sie sehen: Sie sind praktisch kein Atheist, sondern, als guter Sozialist, höchstens ein religiöser Agnostiker: einer, der nicht weiß, daß er weiß, was er ist. Wenn Sie durchaus Atheist sein wollen, um die Last der Religion abzuwerfen, so nehmen Sie dafür die Last des Sozialismus auf sich. Sie ist ohne Religion schwer zu tragen.
Zum Schluß eine provokatorische Frage: Wagen Sie es, die Last des Sozialismus ganz allein zu tragen und alle diesbezüglichen Probleme zu lösen ohne die Zwiesprache mit dem Gott in Ihnen, also mit Ihrem Gewissen, Ihrem Selbst?
Im übrigen beweist mir Ihre Frage nach einem Sinn, daß Sie ihn suchen, und dieses Suchen ist, ob Sie es zugeben oder nicht, die Suche nach einem göttlichen Sinngeber. Sie *wollen* einen Sinn des Lebens – Sie leben ihn, indem Sie nach ihm verlangen.

Meine Amseln. Ich hatte immer nur eine einzige gesehen auf meiner Terrasse, eine gelbgeschnäbelte. Heute war eine zweite da, sie hat einen grauschwarzen Schnabel. Offenbar ist das ein Pärchen, aber kein sich liebendes: der Gelbschnabel verjagte den Schwarzschnabel, oder vielleicht war es ein allererster Versuch der Annäherung. Jetzt sitzt der Gelbschnabel unter den überhängenden Zweigen der Hängeweide, Schutz suchend vor den Schneeflocken, die seit einer Stunde sanft vom grauen Januarhimmel fallen oder vielmehr stäuben. Die zutrauliche Nähe des Vogels rührt mich. Ich nehme viel Rücksicht auf »meine« Amsel: ich verbiete mir um ihretwillen jede rasche Bewegung am Fenster. Ich will sie nicht erschrecken. Unser Verhältnis ist auf Vertrauen und (meinerseits) auf Liebe aufgebaut.

Neko. Neko ist japanisch und heißt Kätzchen. Karin, die Bildhauerin und Physiotherapeutin, fand das Kätzchen in einer römischen Vorstadtgasse. Es schien sterbend. Ein weggeworfenes Stück göttlicher Schöpfung, bestimmt für die Müllabfuhr. Das Tierchen sah erbärmlich aus: verdreckt, mit räudigem Fell und eiterverklebten Augen. Was tun mit einem Wegwerf-Stück? Karin nahm es auf, trug es heim, badete es, sah, daß es krank war, brachte es zum Tierarzt, der Lungenentzündung feststellte, und Räude auch noch. Spritzen und Medikamente brauchte das Tierchen, und liebevolle Zuwendung. Karin machte ihm ein Nest in ihrer Achselhöhle. So schliefen sie zusammen, und Neko schnurrte. Sie wuchs buchstäblich an Karins Körper auf. Aber die Räude (Krätze) war bei so naher Berührung ansteckend, übertrug sich auf Karin, und nun war sie es, die Spritzen und Medikamente brauchte, wochenlang. Neko gedieh und wurde eine schöne und kluge Katze. Sie hat ein Menschengesicht. Was für ein Wunder der Liebe von Mensch zu Tier. Liebe heilt.

Beten. Z., der junge polnische Physiotherapeut, bringt das Kunststück fertig, guter konservativer Katholik und frommer Buddhist zu sein. Nun, das hat uns der Jesuit

Pater Lassalle schon vorgelebt. Es geht also. Gestern fragte ich den Polen, wie er denn bete. Er sagte, er bete kaum, er meditiere. Aber wenn er bete? Da er ein leidenschaftlicher Verehrer der Muttergottes von Tschenstochau ist, meinte ich, er rufe sie an. Aber das ist nicht eigentlich sein Beten. Wie aber? Wenn er bete, schicke er einen Ruf ins Universum, wo irgend jemand sei, der ihn höre.

19. Januar. Im TV gesehen und gehört das Gespräch zweier US-Generäle über die Abrüstung. Die totale Abrüstung. Das Endziel. Vorher allmählicher Abbau des atomaren Waffenarsenals. Genau jene Generäle, die noch bis vor kurzem die atomare Aufrüstung betrieben, propagieren jetzt leidenschaftlich den Abbau. »Wozu noch Atomwaffen? Unnütz. Nur Verderben bringend.«

Ja, jetzt. Wir wußten es lange.

Wie leicht war die Aufrüstung, der Bau der Atomwaffen. Aber wie schwierig jetzt die Beseitigung. Wie denn? Wohin denn? Es geht nicht so wie bei Goethes ›Zauberlehrling‹: »Besen, Besen, sei's gewesen.« Atomwaffen sind nicht »gewesen«, sie SIND und sie bleiben. (Noch lange!)

Und wenn nicht alle Staaten abrüsten? Wenn einige (China etwa) ihre Atomwaffen (Hunderte oder Tausende von Sprengköpfen) bewahren unter dem Vorwand, sie brauchten sie zur Verteidigung? Wer aber sollte der Angreifer sein, gegen den Verteidigungswaffen zuhanden sein müssen?

Das Mißtrauen sitzt zu tief. Tausende von Kriegsjahren haben die Menschheit geprägt. Ein Jahrhundert Friedenswille löscht nicht die Gier zu besitzen und zu töten. Glauben denn die bislang kriegerischen Staaten wirklich an

einen weltweiten Frieden? Glauben sie an den Abbau von Feindschaften? Und ist der Wille zum Abbau der Atomwaffen wirklich aus Friedens-Geist geboren oder nur aus der Angst ums eigene Überleben? Oder aus der simplen Überlegung, daß sich Kriege nicht mehr lohnen? Und daß man die Billionen Dollar (oder Rubel ...) sinnvoller ausgeben kann?
Das letzte Bild der TV-Sendung: eine zerstörte Landschaft. Tot. »So sähe unser Planet aus nach einem Atomkrieg.« Wer würde dann noch einen Film darüber drehen? Bewohner von anderen Planeten etwa?
Meine bange Frage: Haben wir diese Zukunft, die keine mehr sein wird, überhaupt noch im Griff? Oder ist unser Ende bereits endgültig beschlossen und eingeleitet?
Vergeblich sage ich mir: »Was geht's mich noch an? Wenn es soweit ist, bin ich jenseits.« Ja, vielleicht. Aber die andern alle, die dann Lebenden? Gehöre ich nicht auf Gedeih und Verderb zu ihnen, wann wie wo immer wir sind? Kann sich jemand herausnehmen aus dem Ganzen, das »die Menschheit« ist? Ist das Unheil der Künftigen nicht schon heute das meine? Ich habe Angst um sie.
Aber gab's nicht schon mehrere große Menschheitskatastrophen? Und wurde dabei nicht jeweils nur ein Teil der Menschheit vernichtet? Auch kein Trost, nein. Auch um jenen Teil ist mir weh.

Leise Bitterkeit. Jetzt, da Isang Yun tot ist, schreiben sie alle über ihn. Als ich ihn kennenlernte, 1975, war er ein fast unbekannter asiatischer Komponist und abgelehnt. Ich rechne es mir selbst hoch an, daß ich seine Größe sofort, wirklich sofort, erkannte, als er mir sein Stück ›Dimensionen‹ (auf Schallplatte) zu hören gab. Als ich 1995 im September bei ihm war, nicht lange vor seinem Tod am 3. November, sagte er: »Du bist der einzige Mensch, der mich und meine Musik wirklich verstanden hat.« 1975 aber hatte ich geradezu erbittert darum gekämpft, daß der S. Fischer Verlag zustimmte, meine Biographie über I. Y. zu drucken. (›Der verwundete Drache‹) Und daß der Bayerische Rundfunk eine Sendung mit ihm machte. Und daß ich bei Aufführungen seiner Musik in Konzerten einleitende Worte sagen durfte, damit man ihn verstünde. Lange dauerte es bis zu seinem »Durchbruch«. Jetzt schreiben sie alle über ihn. Jetzt, wo man ihn längst kennt und (anstandshalber) anerkennt.

Es gehört offenbar in mein Schicksalsmuster, Genies früh zu erkennen. War's nicht bei Carl Orff genau so? Er war zwar, als ich seine Frau wurde, nicht unbekannt, aber seine großen Erfolge kamen viel später. Auch er sagte zu mir, als er den ›Ödipus‹ schrieb und ich zutiefst bewegt war: »Du bist sicher der einzige Mensch, der das versteht.« (Damals 1955.)

Neben mir hängt in seiner Noten- und Worthandschrift das ›Antigonae‹-Zitat: »Zum Hasse nicht, zur Liebe bin ich.«

Andalusischer Mai. Eben brachte mir der Wind aus meinem kleinen Glashaus den Geruch Andalusiens: den Duft der reifen Orangen und den noch stärkeren der blühenden. Erinnerung an die Uferstraße in Granada mit den hundert Orangenbäumen. Und meine Rosen duften wie jene im »Generalife« der Alhambra. Und mein kleiner Springbrunnen ist einer von hundert jener berühmten Wasserspiele. Ich schließe die Augen und habe Sehnsucht

nach den Tagen dort im letzten Jahr, besonders nach jenem Abend, an dem ich mit Christoph auf einem Mäuerchen saß, wo »nach der Mai-Andacht die Maien-Nacht« kam mit den Liebespaaren, den vom Orangen- und Rosenduft Trunkenen und Verzauberten.
Ich fotografiere nicht, ich halte Gerüche fest, und die Gerüche sind es, die mir Orte unvergeßlich im Gedächtnis halten. Andalusien, das ist Orangenblüten-Duft, und ist auch der Geruch nach Neuschnee von der Sierra Nevada, der Geruch der Flamencotänzer, den wir in die Nase bekamen, als wir in der vordersten Reihe saßen, Geruch nach Parfüm und Puder und Schweiß, und nach dem Gott Eros, der mitspielt. Ich sah dort einen Mann, einen der schönsten, die ich je sah: er war kein Tänzer, sondern ein Sänger, der den komplizierten Flamenco-Rhythmus klatschte. Er war ein Zigeuner, aber wie viele Andalusier eine Mischung aus Spanier, Araber, Jude. Seine Augen schienen tief schwarz, aber sie irisierten ins Dunkelblau und waren voller Trauer, jener gegenstandlosen untröstlichen Trauer, die zu Andalusien gehört. Sie haben zu viel Geschichte in ihrem Blut, zuviel leidvolles Wissen vom Wandel der Geschicke. Klagelieder, Liebeslieder, schwermütig, nur bisweilen bricht leidenschaftlich die Urtrauer aus in laute heisere Schreie, so wie plötzlich aus den sanften Hügellandschaften ein schroffer felsiger Gebirgsstock auftaucht, der eine Stadt trägt wie einen Stein gewordenen Traum, vor Jahrhunderten geträumt von Rittern vieler Rassen, die hier lebten, bis eine andere Rasse sie vertrieb, und die Christen waren böse Zerstörer, und sie blieben Sieger. Wieviel maurische hohe Kunst haben sie zerstört! Ich schäme mich angesichts der Ruinen. »Im Zeichen des Kreuzes ...«

Ich habe Andalusien, im Auto von Sevilla kommend, erlebt, als es sich von seiner wildesten Seite zeigte: eine schwarzblaue Gewitterwand zog auf, als wir nach Ronda unterwegs waren, und schon prasselte ein Sturzregen nieder, so schwer und dicht, daß wir einfach am Straßenrand stehenbleiben mußten, mit blinden Scheiben, und erschreckt von scharfen Blitzen. War das ein Empfang? Das Unwetter zog ab, ein Regenbogen wölbte sich, aber wir bekamen wirre Auskünfte über den Weiterweg. Es ging hügelauf, hügelab. Ich verlor den Mut, Christoph fuhr tapfer weiter. Und als wir nicht mehr wußten, wie wir nach Ronda kommen konnten, standen wir vor einem offenen Tor: unser Hotel mit den vorbestellten Zimmern. Ein guter Geist muß uns geführt haben.

Ronda, ein magischer Ort auf einem Felsen, der auf einer Seite erschreckend schroff abfällt. Wenige Schritte vom Hotel. Wer dort zu weit sich hinauswagt, riskiert den Absturz in die Tiefe und ist verloren. Der Schwindel erfaßt einen, und man muß sich entschieden dem Sog des Bodenlosen entziehen.

Auch Rilke stand einst dort und erlebte »das Schöne als Anfang des Schrecklichen«. Jetzt steht er da als bronzenes Monument. Er hat im Hotel gewohnt, im Zimmer neben dem meinen, und, wer weiß, am Rand des Abgrunds Angst vor der eigenen Todessehnsucht erfahren. Wer sich so nah ans Bodenlose wagt, muß schwindelfrei sein: er muß das Gleichgewicht halten können zwischen Verstand und Gefühl, zwischen Leben-Wollen und Todessucht. Ronda ist ein fordernder Ort. Die Touristen sehen nur eine interessante Stadt auf einem Felsen. Ich habe erlebt, was Rondas Sohn, der Philosoph und Dichter José Sánchez de Murillo, in sein Werk einbrachte. Er wagte sich philosophisch-

menschlich an den Rand des Abgrunds, aber im Stürzen hielt ihn ein Engel, und statt zu zerschellen, flog er, vom mystischen Aufwind getragen, nach oben. Warum lebt man so nah am Abgrund, wo es doch auf der anderen Seite des Felsbergs die Ebene gibt, grün jetzt im Frühling, und sanft, und gefahrlos? Hierhin könnte man sich flüchten. Aber wer es verschmäht, den leichten Weg zu gehen? Wer das hohe Wagnis vorzieht? Ich merke, daß ich Ronda erlebte als Symbol für die spanische Mystik des Mittelalters. Ich habe in Ronda Spanien erfahren, das Land der Gegensätze, das beunruhigt und geliebt und gefürchtet und verstanden werden will. Vor allem geliebt mit harter Liebe, so wie man seine Sprache lieben muß und ihren harten Akzent. Es ist eine Erleichterung, von Ronda meerwärts zu fahren. Aber ich verlasse Ronda nicht, denn es hat sich in mir ausgebreitet und wurde zum Ziel einer mystischen Sehnsucht. Es gibt Orte, die so stark aufgeladen sind mit Urkräften, die zugleich Geist-Kräfte sind, daß sie einen Menschen verwandeln können.
Was mir Ronda mitgab auf den Weg: das Wissen, daß man in die Höhe fliegt, wenn man sich vertrauensvoll ins Bodenlose, in den »Ungrund« (Jakob Böhme) fallen läßt.

Höhlen-Sehnsucht. Auf dem Weg von Granada zur Sierra Nevada (nevada: schneebedeckt) biegen wir von der Autostraße ab, um Guadix zu sehen. Ein Gebirgsstock mittlerer Höhe, aus dem seltsame schmale hohe Türme ragen. Was hätte Don Quijote da gesehen? Weiße lange Zeigefinger, die sich aus der Erde bohrten. Es sind weißgekalkte Schornsteine, aber nicht, wie Don Quijote vielleicht gedacht hätte, Schornsteine von Hexenküchen, oder

Hände, die ihm winkten oder ihm drohten. Es sind wirkliche Schornsteine, aber, seltsam genug, sie kommen aus der nackten Hügel-Erde und sind wirklich Schornsteine aus wirklichen Küchen. Ich denke, da seien Brennöfen, und man brenne Ziegel oder auch Schnaps. Falsch. Der Berg ist durchlöchert von Höhlen, natürlichen und wohl auch künstlichen, und da wohnen Leute, als sei es das Natürlichste, so zu wohnen. (Und das ist es ja wohl auch!)
Früher waren das einmal die Behausungen der Zigeuner. Es gibt ein kleines Café dort am Eingang zu einer der Höhlen, und der Wirt lädt uns ein, seine Wohnung zu besichtigen. Es ist wirklich eine Höhle. Zwei Schlafzimmer, eine Küche, keine Haustür. Aber ist's da nicht feucht? Ich darf alles berühren: trocken. Aber im Winter die Kälte? Kälte: jahraus, jahrein 21 Grad. Wenn Andalusien glüht, in der Hitze, ist's hier kühl. Wenn draußen, so, nahe dem ewigen Schnee der Sierra Nevada, der Eiswind weht, ist's hier warm. Der Herd dient nur zum Kochen, sonst heizt man nicht.
Ich habe großes Verlangen, in so einer Höhle zu leben. Mutterschoß. Geborgenheit. Die Leute im Ort sind alle heiter. Als Kind las ich ein Buch: ›Die Höhlenkinder.‹ In Guadix erlebe ich, was ich damals als Kind in meiner Phantasie erlebte: Geborgenheit in der Ur-Mutter.

Don Quijote. Auf der Fahrt von Guadix nach Malaga sahen wir plötzlich auf einem Hügel ein seltsames Ding, einbeinig hochgestelzt und geflügelt, und die Flügel stellten sich in dem sanften Wind, der von Gibraltar herüberwehte. Eine Windmühle. Aber ganz anders als die holländischen, die dunklen, schweren, untermauerten, im Nordwind ächzenden. Diese andalusische Windmühle hatte Flügel wie ein Insekt, ganz leichte, silbrige, und sie drehten sich lautlos. Im Weiterfahren sahen wir: da gab's nicht nur diese eine, da gab's zehn, zwanzig, hundert und mehr, eine neben der andern, ein silberner Wald war das, und eine geisterhafte Gesellschaft. Hätte Don Quijote das gesehen, was hätte er gesehen? Feinde, die zu bekämpfen er seiner Ritter-Ehre schuldig war. Er hatte, wie sein Dichter Cervantes schrieb, nur dreißig solcher Gestalten gesehen, und es waren »Riesen«, vielarmige, schrecklich drohende. Obwohl Sancho Panza, sein Diener, sagte, es seien brave Windmühlen und keine bösen Ritter, sprengte Don Quijote mit gestreckter Lanze gegen sie los. Und in eben dem Augenblick erhob sich der Wind, die Flügel drehten sich, und einer erfaßte den todesmutigen Ritter und warf ihn samt seinem Klepper Rosinante zu Boden, und nicht einmal der Zusammenprall mit der harten Erden-Wirklichkeit konnte ihn überzeugen, daß diese Windmühlen nicht verzauberte Ritter seien, die zu besiegen ihm ein böser Zauberer verwehrt habe.

Nun: für mich waren es Windmühlen, aber auch seltsame hochbeinige geflügelte Insekten, oder auch Geister oder was auch immer. Der Anblick dieser silbrigen, im leichten Meerwind sich drehenden Gestalten verzauberte mich. Christoph, Sancho Panza gleich, ernüchterte mich: Das sind keine Windmühlen, das sind Generatoren, die enorme Mengen von Elektrizität erzeugen. Das stimmt. Aber wer nimmt mir die Vorstellung, daß diese geisterhaften Gestalten auf den Hügeln nicht zugleich etwas anderes waren, Insekten zum Beispiel, oder auch Gespenster?

Ich habe den Don Quijote des Cervantes vor Jahren und nur teilweise gelesen, einmal ganz naiv als eine der üblichen Ritter-Schelmen-Romane des spanischen Barock; ein anderes Mal, viel später, als Beitrag zum Phänomen der Phantasie, die so übermächtig werden kann, daß sie zur Wirklichkeit wird, ebenbürtig jener, die man sonst »Wirklichkeit« nennt. Jeder Dichter ist ein Nachfahre des Don Quijote insofern, als er, seinen Roman schreibend, glaubt, was er schreibt, und die Leser nehmen seine Erfindung für »Wirklichkeit«.

So beschimpften mich meine Leser, weil in meinem frühen Roman ›Mitte des Lebens‹ die Heldin Nina ihre Kinder in einer Pension unterbrachte, als sie, einer unglücklichen Liebe entfliehend, ins Ausland ging. Mich beschimpften sie, fest glaubend, ich sei Nina, die da Unrecht beging. Und ich habe die Geschichte doch nur erfunden. Die Macht der Literatur: die Grenze zwischen Schein und Sein selbstherrlich zu überschreiten und eine andere Wirklichkeit zu schaffen, die um nichts unwirklicher ist als alle übrige »Wirklichkeit«. Literatur ist Magie. Und wenn Cervantes den Don Quijote und dessen imaginierte Welt noch einmal imaginierte, so glauben wir ihm. Ist's nicht seltsam?

Und wenn psychisch-geistig »Gestörte« sich eine Wahnwelt erschaffen: sind sie deshalb krank? Schaffen wir uns nicht alle unsere Welt der Vorstellungen? Steht nicht das ganze Leben unter dem Calderón-Motto »Das Leben ein Traum«, und unter Schopenhauers These »Die Welt als Wille und Vorstellung«? Don Quijotes Wahn ist sehr spanisch: der echte Spanier ist ein Idealist: er kämpft immer im Namen einer Idee, die sehr hoch liegt. Don Quijote kämpfte für eine Frau, die er nicht kannte, eine Bäuerin. Er machte sie zu Dulcinea, einer Prinzessin oder Göttin. Sie zu ehren (sie, die gar keine Kenntnis nahm von diesem verrückten Ritter) setzte er sein Leben aufs Spiel. Cervantes selbst hat um der Idee der Freiheit willen Jahre als Galeerensträfling erlebt. In meiner Ausgabe des »Don Quijote« ist als bedeutender Anhang ein Essay über Cervantes. Ich muß ihn wieder lesen, um Spanien zu begreifen. Denn S., der Spanier, sagte mir, daß auch der realistisch nüchterne Sancho Panza typisch spanisch sei. Beides zusammen also ist »der Spanier«. S. muß es wissen.

»Mein« Don Quijote. Vor Jahren sah ich bei meinem ersten Besuch in Paris im Louvre ein Bild, das sich seither mit mir ein Rätselspiel erlaubt. (Ich beschrieb es in einem meiner Tagebücher.) An der linken Seite einer Durchgangstür von einem Saal zum nächsten hing ein schmales Bild, Hochformat: auf einem fahlgrünen Hintergrund ein Ritter (oder einfach Reiter) in einem roten Umhang auf einem mageren weißen Pferd: Don Quijote. Ich könnte schwören, der Maler sei Degas. Eine Expertin belehrte mich, daß es so ein Bild gebe, aber es sei von Honoré Daumier, und es hing nie im Louvre. Wo habe ich es gesehen? Es ist unmöglich, daß ich es nicht gesehen habe, denn es existiert, ich habe eine Kunstkarte ...
Ja, aber wo ist sie? Sie war doch vor meiner Reise noch da, in meiner Schublade. Ich suche schier verzweifelt, sie ist verschwunden.
Ich beginne zu argwöhnen, daß ich das Ganze geträumt habe. Aber das kann nicht sein. Die Expertin bestätigte mir, daß es das Bild gibt. Wenn ich sie recht verstand, hängt es irgendwo in den USA. Oder andere Möglichkeit: es gibt mehrere Versionen des fahrenden verrückten Ritters, vielleicht von verschiedenen Malern, und das Bild führt mehr als ein einziges Dasein. Don Quijote ist nicht einer nur,

einer, den man malen konnte, er ist ein Phänomen, das in unser aller Innerem haust: der stille Wahnsinn derer, die hartnäckig einer Idee anhängen.

Die Gottesfrage. Eigentlich ist's einfach, nämlich so: Hör auf zu fragen, aber nimm jeden Menschen, jedes Lebewesen, an dein Herz und liebe es wie dich selbst. Tu das, und du brauchst nicht nach einem Gott zu fragen. Alles ist göttlich.

Der Atheismus. Was für ein Schreckenswort: der ist Atheist, der glaubt nicht an Gott, er ist ein Verlorener, wer nicht an Gott glaubt, ist in den Fängen des Nihilismus, also des Bösen. Oder auch: er ist oberflächlich und dumm. Oder: er ist ein Materialist, der den Geist leugnet. Oder: er ist ein verkappter Kommunist.

Was heißt das eigentlich: nicht an Gott glauben? Es heißt (für viele): Nicht glauben, daß es ein höheres Wesen gibt, das über das Geschick der Menschheit entscheidet.

Wir haben im Religionsunterricht die fünf »Gottesbeweise« auswendig lernen müssen. Ich, fünfzehnjährig, hörte mir das an, was der Lehrer sagte, und dann wagte ich (damals unerhört) zu sagen: »Herr Professor, das ist schön und gut. Aber wer diese Beweise als echte Beweise nimmt, der muß ja vorher schon glauben, daß sie es sind. Wer aber einfach nicht an die Existenz Gottes glaubt, den überzeugen sie nicht.«

Das Mädchen hatte und hat recht: der Verstand kann Gott nicht beweisen. Er kann nur intellektuell argumentieren, aber nicht existentiell überzeugen.

Lauf nicht der Vergangenheit nach,
Verlier dich nicht in der Zukunft.
Die Vergangenheit ist nicht mehr,
die Zukunft ist noch nicht gekommen.
Das Leben, wie es hier und jetzt ist,
eingehend betrachtend,
weilt der Übende
in Festigkeit und Freiheit.
Es gilt, uns heute zu bemühen,
Morgen ist es schon zu spät.
Der Tod kommt unerwartet.
Wie können wir mit ihm verhandeln?
Der Weise nennt jemanden,
der es versteht, Tag und Nacht
in Achtsamkeit zu weilen,
»jemand, der
den besseren Weg kennt, allein zu leben«.
Zen-Weisheit.

Angst. Ich fand unter meinen Büchern das Psalterium, das einmal Karl Rahner signiert hatte. Ich schlug es aufs Geratewohl auf, nach einem Orakelwort suchend. Ich fand Psalm 25: »Löse die Ängste meines Herzens ...«
Wie oft lesen wir in den Psalmen diesen Hilferuf. »Mir stehen die Wasser bis zum Halse ...« Oft ist es konkrete Not: äußere Feindbedrohung meist. Aber es gibt eben auch »die Ängste«. Das ist etwas anderes als »die Angst«. Angst hat man vor etwas Bestimmtem, Benennbarem. Angst davor, den Arbeitsplatz zu verlieren, Angst vor Ansteckung mit einer Krankheit, Angst vor dem Verlust eines geliebten Menschen ... Eigentlich ist dies alles eher Sorge als wirk-

liche Angst. Aber immerhin: der Gegenstand der Sorge oder Angst ist etwas Konkretes, Greifbares, etwas, das man grundsätzlich in den Griff bekommen kann. »Die Ängste«, von denen der Psalm spricht, sind nicht einfach der Plural von Angst, sie gehören einer anderen Kategorie an. Der Psalm spricht von »Ängsten des Herzens«. Was ist das? Etwas Unbestimmtes, ein dunkles, namenloses Bedrohtsein. Man weiß nicht, was einen bedrückt und ängstigt. Angst kommt von Enge. Etwas be-engt einen. Man weiß nicht, was einem eigentlich fehlt. Wir alle haben Ängste, eingestanden oder nicht, bewußt oder unbewußt. Unbewußte Ängste äußern sich in unseren Träumen, Alpträumen in vielfacher Gestalt. Oft steigen alte Schuldgefühle in bösen Träumen wieder auf. Da wir alle »Ängste« kennen, ist es wohl das kollektive Schuldgefühl, das uns quält. Keiner von uns ist ein einzelner. Keiner (und sei er noch so »schuldlos«) kann sich dem allgemein menschlichen Schuldbewußtsein oder doch Schuldgefühl entziehen. Jeder von uns trägt bei zum seelischen Elend aller. Die Schuld (die noch so geringe) eines einzelnen ist ein Stein, geworfen auf den Berg der Kollektiv-Schuld. Und diese Schuld, Jahrtausende alt, greift nach uns als unbestimmte Angst, die unser Herz einengt. Es ist ein Irrtum zu glauben, daß uns ein Psychotherapeut von diesen Ängsten befreien könne. Sie gehören zum Menschen in diesem unserem Leben. Heilige, die ohne individuelle Schuld waren oder sind, nehmen stellvertretend Strafen auf sich: Bußübungen verschiedener Art. Es ist das Wegnehmen eines Steines vom Berg der allgemein-menschlichen Schuld. Mit anderen Worten: durch unsere Liebe zum Ganzen helfen wir mit zum Erleichtern der Ängste der vielen, die nicht ahnen, woher ihre Ängste kommen. Der biblische Mythos spricht von der »Erb-

Sünde«. Es gab Menschen, die stellvertretend jene Ur-Ängste von uns nahmen oder nehmen: Buddha, Christus, die Heiligen, viele unbekannte Fromme. Unsere dunklen Ur-Ängste lösen sich auf, wenn wir lieben. Ein anderes Heilmittel dagegen gibt es nicht. Die Psychotherapeuten können nichts anderes tun, als die Patienten lehren zu lieben.

Aber man kann den Ursprung der »Ängste« auf eine Ur-Angst zurückführen, die irrational ist: die Angst vor dem Nichts, in das man fällt im Tod. Oder auch: die Angst vor dem Nichts schlechthin, das jenseits von allem Seienden ist. Die Angst vor dem Zugriff des ganz und gar Un-heimlichen der Leere.

Was tun gegen diese Ur-Ängste?

Im Psalm wird Jahwe um Hilfe gerufen. Das heißt: wir können aus eigener Kraft nicht gegen diese Angst vor dem Nichts angehen. Wir brauchen einen göttlichen Helfer, der selbst frei von Angst ist und die Macht hat, uns zu befreien. Rufe zu unseren Göttern (gleich welcher Religion) bedeuten: glauben an die Existenz der angstfreien Über-Natur. So meint es der Psalm.

Krieg, Kriege. In Hesiods »Theogonia« gefunden den Satz vom »männermordenden Krieg«. Und die Frauen? Und die Kinder? Und die Tiere? Und die Erde, die zerstört wird? Und wie ist das mit der Gunst der Götter? »Die Göttin (Hekate) steht denen bei, denen sie vorhat, bereitwillig Sieg zu verleihen ...« Und wenn noch im letzten Weltkrieg der Gott der Christen angefleht wurde. Sieg zu verleihen einem Volk – also Niederlage, Tod und Zerstörung über das andere (ebenso »christliche«) zu verhän-

gen ... Das alles vorbestimmt! Und das Einverständnis des Gottes zum Krieg überhaupt?
Und den Siegern Denkmäler zu errichten, heißt doch: die Mörder ehren, denn eben der Tod des Feindes war ja gewollt von ihnen. (Allerdings gilt dies auch für den Verlierer – nur unterlag er eben, und da gibt es keinen Grund für Denkmäler ...)
Was für ein Gesetz herrscht denn da auf unserem Planeten, in unseren »zivilisierten« Ländern? Hesiod, ein philosophierender griechischer Bauer, lebte etwa um 700 vor unserer Zeitrechnung. Was hat sich in den rund 3000 Jahren geändert?

Namenlose. Es gibt Personen, die es nicht ertragen können, »namenlos« zu sein. Sie glauben an ihre eigene Existenz nur, wenn sie ihnen immer wieder von neuem bestätigt wird. Bei Künstlern, Schauspielern vor allem, ist dies verständlich. Aber es gibt auch andere Leute, die eine solch ausdrückliche Bestätigung gar nicht brauchen, weil sie ohnedies einen »Namen« haben. Aber sie wissen, daß man leicht vergessen wird – und das bedeutet ihr Versinken ins »Nichts«. Also müssen sie unentwegt dafür sorgen, daß man in den Medien über sie redet, und sei es auch Negatives. Hauptsache, sie sind im Gespräch. Auch Skandale sind ihnen recht. Und wenn sie nicht in Skandale verwickelt sind, schaffen sie sich solche. Nicht das Descartessche »Cogito, ergo sum« gilt für sie, sondern: »Man spricht von mir, also bin ich. Wenn man nicht mehr von mir spricht, bin ich praktisch nicht mehr existent.« Solche Leute können ohne Beifall nicht leben.
Ich stand einmal vor dem Bühnen-Ausgang eines Theaters,

wo gewöhnlich die »Fans« warten, um »ihrem« Schauspieler noch eine Sonder-Ovation zu bringen. An jenem Abend war das Stück durchgefallen, genau gesagt: der Hauptdarsteller war nicht gut gewesen. Jetzt kam er aus der Tür, blieb stehen, wartete – und kein Beifall kam. Er war im Stück ein Fürst gewesen. Jetzt, abgeschminkt und in Straßenkleidung, war er »nichts«. Was war vom Fürsten geblieben? Ein Mensch, der vergeblich darauf wartete, daß man ihm applaudierte und ihm bestätigte, daß er ein Fürst war. Und was war er? Ein Mensch, der Liebe brauchte. Ich werde nie vergessen, wie er ausspuckte und fortging: grau und gebückt, als schäme er sich, auf der Straße kein Fürst zu sein. So ist in uns allen einer, der auf Beifall wartet. Auf Anerkennung. Auf Bejahung. Auf Geliebtwerden. Aber das ist nicht zu erzwingen. Was uns Liebe einbringt, ist unser eigenes liebendes Selbst. Alles andere ist Bühnenkostüm. Ist das nicht auch die Schicksalsfigur Adolf Hitlers? Ohne Liebe aufgewachsen, ein mittelmäßiger Schüler, ein unbegabter Kunststudent, von niemand beachtet. Da er »niemand« war, machte er sich zu »jemand«. »Wollt ihr mich nicht lieben, so sollt ihr mich fürchten.« Und er wurde fürchterlich groß, bis der Tod ihn von seinem Wahn erlöste. Was für ein armseliges Dasein.

Heimweh und Sehnsucht. Wo bin ich daheim: im italienischen Rocca di Papa, wo ich seit mehr als dreißig Jahren lebe, oder in München, wo ich die Hälfte meines Lebens verbrachte? Oder weder hier noch dort. Nirgendwo? Oder überall, wo ich jeweils bin, sei es in Europa oder im Fernen Osten? Ist Heimat ein Ort, auf einer Landkarte zu finden, oder ist er vielmehr eine Erinnerung, mehr oder minder zufällig gebunden an einen Ort?

Gestern fragte ich meine kroatische Putzfrau, ob sie Heimweh habe. Sie sagte, sie habe so lange unter Heimweh gelitten, als ihre Mutter noch lebte; jetzt möchte sie nicht mehr dorthin zurück. Dort ist, sagte sie, meine Heimat nicht mehr.

Heimat, das sind Menschen. Heimat hat man am Herzen eines geliebten Wesens, wo sonst.

Im Zeitalter der großen Völkerwanderung ist man heimatlos. Man hat einen Paß, einen Ausweis, man zahlt irgendwo Steuer und Miete, man arbeitet (wenn man Glück hat) irgendwo, aber ist man dort »daheim«? Das Daheim ist meist verloren, und das Heim-Weh verliert sich nach und nach. Die Kinder und Enkel der heutigen Nomaden haben gelernt, daß ihre Heimat dort ist, wo die Eltern sind, wo sie Arbeit fanden und ein Dach überm Kopf, und wo sie andere Heimatlose treffen.

Im Althochdeutschen bedeutet das Leben fern der Heimat, »im Elend sein«, auch wenn das Elend keineswegs immer identisch mit Armut war. Das bloße Nicht-daheim-sein war Elend an sich. Heute freilich bedeutet das Fernsein von der eigentlichen Heimat oft genug »Elend«.

Noch vor Jahrzehnten sprach man hierzulande von »Hoamatl«, das Wort Heimat mit dem oberbayrischen Diminutiv zärtlich umkleidend. Das Hoamatl war das Haus, wo man geboren war, wo die Vorfahren lebten, wo man rechtens »hingehörte«. Wer hat heute noch so ein Hoamatl? Man hat einen Aufenthaltsort und eine Genehmigung, dort zu leben. »Aufenthaltsbewilligung«, oft befristet. Ich selber hatte in Italien anfangs für Jahre nur so eine Genehmigung, bis man mir schließlich die »Ehrenbürgerrechte« verlieh, seither habe ich dort eine Heimat. Aber kein »Hoamatl«. Ich bin, trotz Grund und Boden und Haus, eine Ausländerin

und zudem eine Nomadin, die einmal hier, einmal dort lebt.
Ist denn nirgendwo Heimat? Dort: dort, wo meine Freunde sind, und meine Bücher und Bilder. Eine ideologische Heimat, habe ich sie? Alle Ideologien sind uns zerbrochen. Ich habe meine Heimat in mir, wo sonst?
Wie stehts mit meinem Heim-Weh? In südlichen Sprachen gibt es das Wort nicht. Es ist sehr deutsch. Im Englischen gibt es das Wort »home-sick«. Heimweh-krank. Im Italienischen und in anderen romanischen Sprachen entspricht es unserem Wort »Nostalgie«. Man übersetzt es nicht mit Heimweh, sondern treffender mit Sehnsucht. Aber auch hier ist das Wort »Sucht« anwesend. Sucht von suchen und auch von einer Sucht, einer Art Krankheit. Etwas quält uns: das Heim-Weh, die Sehn-Sucht. Wonach sehnt man sich? Bei dem spanischen Philosophen und Dichter Sánchez de Murillo fand ich das Wort:
»Der Mensch hat Heimweh, weil er in seinem Wesen Heimweh *ist*.«
Der Mensch ist der Nomade auf unserem Planeten. Er ist immer unterwegs, realiter und in Gedanken. Immer meint er, anderswo sei alles besser, anderswo finde er eine bleibende Heimstatt.
»Dort, wo du nicht bist, dort ist das Glück.« Wir laufen einem Ziel nach, das wir Glück nennen, und das uns immerfort entgeht. Wer hat uns je versprochen, daß wir an ein Ziel gelangen, das uns Erfüllung bringt, so daß wir nicht weiter suchen müßten? Wer hat uns die Kompaßnadel eingesetzt, die immer in Richtung Glück zeigt, und der wir sehnsüchtig folgen, ohne je den Pol zu erreichen, auf den sie weist? Wie heißt der Pol? Er heißt Glück. Was immer der einzelne unter Glück versteht: er meint immer Erfüllung

seiner Wünsche, seiner materiellen oder ideologischen oder spirituellen. Was er aber wirklich sucht, ist Er-Selbst. Wenn ich etwas sehr Ernstes scherzhaft sagen darf, er ist wie ein Hund, der wie besessen sich drehend nach seinem Schwanz sucht, den er als etwas »außer-sich« wähnt, während er es doch nicht zu suchen braucht, da es ja als Teil seiner selbst eben »er-selbst« ist. Das Tief-Ernste ernst gesagt: der Mensch sucht hartnäckig etwas, das er hat, mehr noch: das er IST. Er sucht Erfüllung verschiedener Wünsche ohne (meist) zu wissen, daß das so sehnsüchtig-hartnäckig Gesuchte Er-Selbst ist: der göttliche Kern in ihm selbst. Nichts kann ihn befriedigen, nichts bringt ihm die Stillung seiner Sehnsucht. »Unser Herz ist unruhig, bis es ruhet in dir«, schrieb Augustinus. Anders gesagt: Wir sind ruhelos-sehnsüchtig Suchende, bis wir uns-selbst gefunden haben; bis wir unsere Spaltung in unsere männliche und unsere weibliche Hälfte aufgehoben haben: bis Leib, Seele ganz zu ihrer Einheit verschmolzen sind.

Das ist ein Lebensprogramm. Es erfüllt sich, wenn wir aufhören, irgendwelchen Wünschen nachzujagen, sondern einzig auf die Kompaßnadel schauen, die uns die wahre Erfüllung anzeigt: das Leben im Augenblick, im NU der Mystiker, in der Liebe zu allen und zu allem. Da wird der Augenblick zur Ewigkeit, in der All-Liebe wird das Heimweh gestillt. Doch bis zu jenem Augenblick dauert es lang, oft ein halbes oder ein ganzes Leben lang. Bis zu dem Gnadenaugenblick bleiben wir heimweh-krank und voller Sehnsucht. Diese Sehnsucht freilich ist unsere Garantie für ihre Erfüllung, wann immer sie eintritt. Mir wird immer klarer, daß alle Phänomene, die sich im Lauf der Zeit als »Erfüllung« anboten, im Ansturm einer neuen Zeit zu Nichts zerstieben. Weder politische noch weltanschauliche

Ideen, für die wir hingebungsvoll kämpften, halten stand. Wir stehen ratlos im Chaos. Aber sind wir Verlorene? Sind wir nicht Gerettete, wenn wir uns an die einzige Sicherheit halten, die uns der Gott der Liebe bietet: die Liebe zu allem Seienden, und das Vertrauen in unser ewiges Selbst.
Das sind Gedanken – oder besser: da ist ein Wissen, das mir geschenkt wurde am Ende einer besonders schweren Phase meines Lebens, die als unheilvoll sich zeigte und sich als klarer Hinweis zum Heil erwies. Ich begriff, was ich längst wußte: Der einzige Weg zur Erfüllung meines Heim-Wehs ist: Liebe. Die unendliche Liebe (ich zitiere den Spanier Sánchez de Murillo), die nur in endlicher Gestalt Wirklichkeit wird, in der Liebe zu allen Mitgeschöpfen. Wenn ich nicht mehr liebte, was geschähe mit mir?

Luise Rinser
Eine Auswahl

Abaelards Liebe
Roman
Band 11803

Mitte des Lebens
Roman
Band 256

Die gläsernen Ringe
Erzählungen
Band 393

Abenteuer der Tugend
Roman
Band 1027

Daniela
Roman
Band 1116

Die vollkommene Freude
Roman
Band 1235

Ein Bündel weißer Narzissen
Erzählungen
Band 1612

Septembertag
Erzählungen
Band 1695

Der schwarze Esel
Roman
Band 1741

Jan Lobel aus Warschau
Erzählung
Band 5134

Mirjam
Roman
Band 5180

Gefängnistagebuch
Band 1327

Saturn auf der Sonne
Band 13166

Kriegsspielzeug
Tagebuch
1972-1978
Band 2247

Wachsender Mond
Aufzeichnungen
1985-1988
Band 11650

Im Dunkeln singen
1982-1985
Band 9251

Den Wolf umarmen
Band 5866

Wir Heimatlosen
1989-1992
Band 12437

Fischer Taschenbuch Verlag

Imprimé en France sur Presse Offset par

BRODARD & TAUPIN

GROUPE CPI

La Flèche (Sarthe), 14401
N° d'édition : 3402
Dépôt légal : septembre 2002